U0137785

国家出版基金项目
NATIONAL PUBLICATION FOUNDATION

"十三五"国家重点出版规划项目

国家出版基金资助项目

阿拉伯文化中的中国形象

现当代卷
·下·

薛庆国——编译

湖南文艺出版社
HUNAN LITERATURE AND ART PUBLISHING HOUSE

图书在版编目（CIP）数据

阿拉伯文化中的中国形象. 现当代卷. 下 / 薛庆国
编译. -- 长沙：湖南文艺出版社，2022.6
　　ISBN 978-7-5726-0480-5

　　Ⅰ. ①阿… Ⅱ. ①薛… Ⅲ. ①文化史－阿拉伯国家－
现代②国家－形象－研究中国－现代 Ⅳ. ①D6
②K371.03

中国版本图书馆CIP数据核字(2021)第251053号

本书为北京外国语大学"双一流"建设重大标志性项目——
"一带一路"中阿友好文库暨扎耶德文库的成果

阿拉伯文化中的中国形象. 现当代卷. 下

ALABO WENHUA ZHONG DE ZHONGGUO XINGXIANG. XIANDANGDAI JUAN. XIA

编　　译：薛庆国
出 版 人：陈新文
责任编辑：耿会芬
项目策划：易　见　耿会芬
责任校对：黄　晓　郭　瑛
整体设计：陈　笃
内文排版：钟灿霞

出版发行：湖南文艺出版社
　　　　　（长沙市雨花区东二环一段508号 邮编：410014）
网　　址：http://www.hnwy.net
印　　刷：长沙超峰印刷有限公司
经　　销：新华书店
开　　本：880mm×1230mm 1/32
印　　张：12.5
字　　数：276千字
版　　次：2022年6月第1版
印　　次：2022年6月第1次印刷
书　　号：ISBN 978-7-5726-0480-5
定　　价：132.00元

（若有质量问题，请直接与本社出版科联系调换）

巴勒斯坦小说家卡纳法尼在长城
（1965）

叙利亚专家奥贝德和北大学生在香山
（1974）

阿多尼斯首次访华，与作家王西彦在黄浦
江上（1980）

埃及作家黑托尼在十三陵神路（2007）

伊拉克诗人萨迪与友人在北京香山公园（2009）

叙利亚学者费拉斯在上海出席全国阿拉伯文学研讨会（2012）

埃及作家赛阿达维参观北京长城（2014）

埃及作家海卡尔的著作《话说亚洲》

叙利亚作家阿里·欧格莱的著作
《中国：关系、阅读、见闻》

穆赫森翻译的《四书》

ليي بو

جِراز بلونِ الذهب

ترجمة وتقديم
سعدي يوسف

منشورات الجمل
شعر

萨迪翻译的《金樽：李白诗选》

埃及学者西伯勒的著作
《中国智慧》上册

阿莱维翻译的《老子》与
《庄子内篇》

也门作家瓦利的短篇小说《中国之路》

目 录
Contents

近现代篇

近现代篇

中国之未来

〔黎巴嫩〕谢基卜·阿尔斯兰 [1]

"众所周知，几年前的中日战争，撕破了中国的篱墙，去除了中国的威严，将其弱点袒露于西方各国面前。从此，西方列强开始觊觎这个广袤的王国。之前，这还不过是欧洲人心中的窃念和妄想，现在却成了他们的夙愿和笃志。如此变故，皆因这一庞大国度极像一面大鼓，其体积看来硕大，其声响传之遥远，但只要用手割破，便会发现其内里空空如也。于是，其

---

1 谢基卜·阿尔斯兰（1869—1946）：黎巴嫩著名思想家、作家、政治家，享有"文辞之王"之誉。本文节选自他于1900—1901年在埃及《文摘》杂志上连载的总题为《中国之未来》系列文章。

体积不复巨硕，其声响也告中断。[1]自中日战争后，欧洲人脑中便生出欲念，欲将中国置于因文明落后而臣服于欧洲的东方帝国之列。毕竟，愚昧终究对科学称奴，落后者必定沦为前行者之附庸。"

"鉴于中国乃是形状最怪异、面积最广阔、人数最繁多、历史最悠久的帝国，是欧洲列强最欲获取的东方帝国，众多观事者不免想知道：欧洲能令中国俯首称臣，并获取其利益吗？抑或这是难以实现的愿望，是至今无法跨越的障碍？中国军事之羸弱，足以导致其政垣坍塌、国体溃散吗？抑或在其军力之外，另有足以维系其统一的其他要素和凝聚之力？抑或中国凭借其紧连之血脉、坚固而柔韧之肢体，将依然屹立于西方势力面前，独立于其控制之外？总之，中国到底是欧洲人嘴里一块易于咀嚼的美食？抑或是梗塞其喉咙的一根鱼刺？我于匆匆间撰就数文，依理凭据，研究何以中国将坐以待毙，为欧洲人所征服吞并，或中国何以能挽狂澜于既倒，救溃堤而除险，脱黎民于水火……我将分析中华帝国内部富有活力之要因，指出各国立足安稳、长治久安之道，同时指出中国内部的弊端所在，

---

1 以体大实空的皮鼓比喻外强中干之物，源自阿拉伯古代文学名著《卡里莱和迪木乃》。

凡此诸多弊端，都弱其身体、损其寿数、令人预测其一蹶不振。"

"农业是中华帝国身体上另一强健而富有活力的器官。无论中国人工业多么先进、多么傲视群雄，无论他们的巧手怎样化腐朽为神奇、采矿产为所欲，他们在农耕方面的技能还要更高一筹。或者说，中国的农业即使未能超越工业，起码也和工业并驾齐驱，各擅胜场。这一帝国得以生存、繁衍，主要依靠其工业与农业。中国人极为敬重农事，以至赋予其神圣色彩，在他们眼中，农耕者乃是侍养百姓、衣食众生之人。"

"诚然，中国农民不像欧洲农民那样懂得对土地作化学分析，也未从农艺书籍中获得土壤特性等知识，但实践经验弥补了他们理论之不足。凭经验他们也知道每一块土地之特性，懂得土地该轮种何种庄稼，播撒何类种子，施放何种肥料。他们用双手犁地、掘坑、播种、锄草、培土。他们还深谙蓄养家禽之术。"

"他们知道某些禽鸟会在白昼的特定时辰啼鸣，因此可以用鸟鸣替代挂钟知道时辰。他们手脚灵快，足智多谋，有时甚至能徒手捕捞用渔网、鱼钩都无法捕获的活鱼。他们以如此坚韧之力应对自然，因而成为技艺娴熟的农民，实不足为奇。"

"中国很少被荒废闲置的农地。那里所有适耕之地，无不开垦为农田，甚至在海拔三千米以上的高地，也能见到农田，这种情形在他国实为罕见……中国虽然幅员辽阔，但因人口众多，耕地其实不足。若非精心利用土地，则无法养活众多人口，其人民也必遭受更多饥馑。令人颇为称奇者，中国粮食能够自给，极少依赖进口。自给之余粮，还出口西方各国，成为其重要贸易货物。"

"自从外国人进入中国，其国人也开始喜爱经商，并与外国人不遑多让。而且中国人素不贪婪，满足于应得之份。为商之道，知足而趋稳，实胜于好强而冒险。不少西人著书时均提及，中国商人比欧洲商人更讲信用，更守承诺；中国商人处事之沉稳、审慎，实为欧洲商人所不及。因此，商业对于中国裨益颇大，在西人进入中国之后，本地经商人士大为增加，若干商埠，已完全为中国商人掌控。"

"普天之下，再无一邦如中国那样尊崇习俗与礼节，也再无一方人士如中国人那样响应人道之教化。性格温顺，是中国人与生俱来的德行，无论老幼，都秉有这一德行。他们以兄弟相称，有'四海之内皆兄弟也'之说；同辈之间，皆视若兄弟，同辈之谊，与兄弟之情无异。"

"中国人性格温顺，略举一例为证：外国游客无论游历在人口稠密的湖北、四川等地，或踏访远地僻壤，都不会遭受丝毫欺辱，也无人遇到任何伤害……在中国的繁华都市，尽管街头拥挤熙攘，但你不会见到一位醉汉，倘若你想寻觅醉汉踪影，就需前往欧洲人与当地人混居的港口城市，这些城市街头，如同欧洲街头一般，或能见到烂醉如泥的醉汉……中国学生举止端庄，敬重师长，决不轻易动怒，对求学抱有令人惊异之恒心。观者察其言行举止，定能心生感触：这等学生虽未及弱冠之年，但堪称文明之士，日后定能担当大任。"

"中国人尊崇学问，置学问于万般之上，堪与宗教相比。求学，被视为所有男性公民不可推辞之义务，每个村庄都有当地政府斥资兴建的学堂。在中国人看来，学问、学者、写作乃至字纸，都意义重大，务必虔敬事之。"

"中国人虽勇气不足，雄心欠缺，但有恒心，精于工艺，是天生注定的工业民族。在此方面，欧洲人欲取胜中国，殊为不易。我曾就此与巴哈伊教首领阿巴斯·阿凡迪议论，此君一向睿智明达，富有卓见，他说：'欧洲人用刀剑强取中国，并非难事；然而他们染指海外，意在通商而获利，唯与中国人交往并获利，非易事也，因为欧洲人进入中国不久，其种种技术，就会被中国人掌握。'"

"中国军队，无论在人数、装备还是科学、勇气上，均无法满足国家之需要。八旗军曾是中国之砥柱，现已沦为国家之负担，满族和蒙古族子弟已不如以往勇武，何况今日战争主要取决于科学，仅有匹夫之勇已无济于事。"

"倘若中国人重视备战，则应留用英国籍舰长朗氏对中国海军实行改革。此人对中国海军大有裨益，但因施行改革受阻，愤而去职。中国人接受其辞呈，未能得其才而用之。同样，中国陆军也未实行改革，依然沿用陈旧之兵法。而此类旧法，已被时代抛弃，如同黑夜被阳光替代。难怪西方人少量军力，足以抗衡中国兵将众多的大军；这并非因为西方人血液与众不同，而在于科学之缘故。日本人一如中国人，也属东方民族，虽然身材矮小，肌肉纤弱，却拥有骁勇善战、不输于所有西方军队的强大军队。中日战争，便可看出分晓，日军一次次击败中国军队，中国人屡战皆输，何故？愚昧面对科学，一刻不能维持也。"

"中国人不愿使用西方采矿技术，因为他们自满于传统工艺，故步自封，不承认西方人技术领先。其实，欧洲科学与工业已取得非凡进步，中国人尚能独占鳌头、引为自豪之领域，已屈指可数。"

"中国人安于逸乐，耽于和平，数百年以来，知足于其强盛、荣耀、学术之发达、疆土之广袤，不欲与外人动武，故早已荒疏用兵之道。中国人受此思想潜移默化，已有数百年之久，以致忘却了战争之含义。其结果，虽战火燃至国境，国之要地遭人践踏，国民依然不为所触动，一味追求太平，终于陷入战祸。中国服膺和平之道，希冀以工业、农业、商业等建设成就以固国本，然而各业建设固然重要，坚兵利器仍不可缺少。即以人体为喻，红细胞固然为健康身体所必需，但白细胞用以抗御病毒之入侵，也必不可少。中华帝国之躯，并不缺少红细胞，但白细胞几告匮无。"

"中国人之不足，在于心志柔弱，缺乏个人勇气，其果敢、志向不及欧洲人，而以毅力、忍耐见长。世人皆知中国人吃苦耐劳，勤勉谋生；他们立身之道，在于勤劳而非胆略；他们与许多民族不同，极少有政治抱负，也缺乏争强好胜、敢为人先、统领万邦的气质。他们爱好和平，天性柔顺，在各民族中实为罕见；其诗文、歌谣中勇武、强健意味之匮缺，在各民族中也属少见。其诗歌多为咏唱农耕、劳作之作，仿佛他们只对和平题材怀有兴趣。"

"中国人浸淫于这种思想，其青年习惯于此类歌谣，难怪中国与日本交战时屡遭挫败，而日本人数目只有中国十分之一，中国战事不利，因此不足为怪。"

"如果中国之变革至今仍然缓慢，则是因为中国人自满自大，不承认自己落后，依然幻想自我文明最为优胜，中国是世界上唯一的开化民族。显然，抛弃此种幻念，转而承认自己远远落后于欧洲人，绝非朝夕之事。"

"中国人认为自己的文明高出欧洲文明一筹，称欧洲人为'西蛮'，并以欧洲人相互并吞蚕食、战场上凶残冷酷、精于杀戮、灭绝之术为证。"

"日前在中国起事的义和团，并非针对欧洲人的第一次起义，也不会是最后一次。1848 年（实为 1851 年——编者注）兴起的太平天国之乱，曾蔓延至整个中国，几乎推翻清帝国。太平天国表面针对政府，其实针对洋人，旨在让中国摆脱外国势力之钳制，为国家注入青春活力。因此，列强为消除其患，与中国政府携手，协力镇压太平天国。此番协作，并非出于偏爱中国政府，而是旨在消弭变革之力量。"

"列强在中国势力愈大，立足愈稳，其割据的都邑、港口越多，中国民众的仇恨则愈甚，对洋人的憎恶也愈深。此次义和团起事，皆因周遭群敌环绕，而帝国行将崩溃，中国民众怒不可遏所致。"

"西方列强意识到，义和团之乱实为一场重要的精神运动，因而唯恐其日后招致大祸。他们本想彻底击溃中国，但又怕列强之间因利益、政策冲突而引发大乱，担心在协力降伏中国之后，相互间如猛兽争食，陷入内斗。于是，西方列强伙同东方日本，一起镇压义和团，但又各怀鬼胎，相互提防，都想以对己最有利方式解决问题。"

"中国人一向礼待外国人，直至欧洲人从四面八方敲开中华帝国的门户，带来枪炮、弹药，且相互间纷争倾轧不断，以至于中国人视其若蛮夷、屠夫。更有甚者，欧洲人还在部分商铺销售鸦片，招致中国人怨怒，于是欧洲人尝试以武力逼迫中国人接受鸦片，英国由此于 1840 年发动鸦片战争，战后，中国被迫开放 5 个通商口岸。"

"鸦片战争之后，中国与欧洲列强因条约引起纠纷，第二次战争随之爆发，英法于 1857 年向中国宣战，并占领广东，最终缔结和约。随后又起纠纷，并爆发第三次战争，英法两军万余士兵占领首都北京，大肆掠夺著名的圆明园，并将财宝窃为己有。与此同时，太平天国也兴兵起事，中国政府只得求助外国人予以镇压。港口一个个向洋人开放，中国人对此极为不满，而列强之骄横也日甚一日，待中日战争爆发，中国之弱点展露无遗，引得各方心生贪念，垂涎欲滴，在中国实行所谓'门户开放'。西方列强争先恐后，欲进入中国，但又恐相互间为争利而兵戎相见，故采取长期租借领土之策。各式人等，从四面八方纷至沓来，近日之义和团起义，乃由此而兴。"

"至此，我们已充分阐述了这一帝国的情形，借此足以一探其究竟；并对其病状作了确切的诊断，或可预知其未来发展。现在，可以谈论本文之宗旨——中国之未来。倘若中国之未来，一如世界各国之未来，取决于与欧洲及西方文明的关系，我们有必要在此探讨中国人与西方人的相互关系。"

"最终，我们提出这一问题：未来中国将依然属于中国人，抑或落入欧洲人之手，被强行改变，乃至瓜分豆剖？提出这一问题，是我撰写'中国之未来'之本意。中国何去何从，明达之士自然见仁见智，各有高见。"

"在我看来，中国人口众多，人种单一，疆土广袤，是欧洲不易吞咽的美食；然而，中国毕竟已是垂死之鸵鸟、衰朽之帝国，除非其如同日本一样，师法欧洲。日本借西方文明之力，借现代科技之功，得以跻身发达国家之列，其国力在东亚足以抗衡俄罗斯，其一兵一卒，足以匹敌中国之十人、十五人。中

国仍以人口众多、人种单一、幅员辽阔而自恃，然而，其神秘
面纱终将被外人揭开，刀剑终将置于中国人之颈项，除非他们
告别旧梦，幡然省悟。人虽多而愚，则不为多；人虽少而智，
则不为少。中国之未来，取决于中国是否善于学习！"

（薛庆国　译）

中国长城

〔黎巴嫩〕哈利勒·穆特朗[1]

"皇帝为何辗转反侧通宵不眠？

难道鎏金的御榻把烦恼载着？

您就是希望，您还希望什么？

您就是威慑，您还惧怕什么？"

皇帝答曰：

"我不幸得到的是在屈辱中发酵的民族

知足常乐是他们饮酒的好去处

1　哈利勒·穆特朗（1872—1949）：黎巴嫩著名诗人，阿拉伯复兴派诗歌的主要代表之一。本诗译文选自郭黎译：《阿拉伯现代诗选》（湖南文艺出版社，2000年版）。

没有什么忧愁能激怒他们，哪怕灭顶之灾

一个不会发怒的民族还有什么远大前途？"

……

"他们的思绪纠缠在自己的逆忤之疾

我惶惑，不知该怎样去诊护"

……

"朕欲为他们建一条永恒的城墙

像大地那样不会倒塌，不会败腐"

……

"朕以它来保卫国土坚不可破

跃跃欲试的野心家在它面前踏上退路"

……

"人们以为，朕之年代即开天辟地之时

如此，朕孜孜以求的荣耀非朕莫属"

"啊，皇上，您的功绩

高过我们的颂扬和赞誉

多少奇怪的侵略以你为敌

您的宽宏大量举世称奇

宝剑出鞘之际，您却把多少

仁慈套在异邦他族的脖颈

您赐给奴隶多少恩惠

如太阳催生芳林，染抹黄金

这足以使您在天地间万世流芳

存留之物最清白的是：德行"

"假如您正视现实，就会看到

美名不能追回正在逝去的生命

即使您把城墙筑得再高

直到星辰在它的顶端站定

即使用山岭充当它的基石

紧密叠合，水泼不进

人们仍能创造出比它更

伟大、精湛、新奇的珍品

创造出喷吐炽烈烟云的

炸药，燃亮崇山峻岭

白种人仍能向北京城进军

肆无忌惮地掠抢、夺取

舰队载着他们越海而来

犹如风暴中乱舞的精灵

人们家园四周的围墙又有何益

当他们的心灵软弱，战战兢兢

比禁锢他们的天地更好的

是大大开拓他们的天地

苟安杀死了他们的英气

国家存亡在于他们严密的警惕

任凭什么也保护不了衰弱的民族

除去经历过劫难考验的勇气

它才是抵御敌寇的坚壁

它才是不可抗拒的威力"

（郭黎、薛庆国　译）

中国智慧

〔埃及〕阿巴斯·马哈茂德·阿卡德[1]

战争会带来恶果，但间或也有一些益处，因为纯粹的恶是不存在的，尤其是在重大事件中。

战争的益处之一，就是它能让各个国家互相了解，让各国人民对其他国家的情况有了前所未有的认识。结束战争时，交战各国对彼此国情和国民的认识，都比战前要更为充分。近代欧洲的数次战争，以及世界上其他地方的任何一次战争，都可以证明这个判断的正确。

20 世纪开始，欧洲人一说起中国，他们的了解仅限于鸦片

1　阿巴斯·马哈茂德·阿卡德（1889—1964）：现代埃及著名文学家、思想家和文艺理论家。本文原载于埃及《信使》杂志（1943 年 7 月 26 日）。

和矗立千百年的长城，也许他们还知道中国的绘画、雕刻和器皿，还有一些儒家哲学的隽语，这就是他们所知的中国，或是他们想要了解的中国！

时至今日，中国的面纱已被揭开，书写中国的作品出现在各国的语言中，如同书写欧洲的作品一样，世界各国的人们都在阅读本国和外国作家撰写的关于中国的书籍，阅读中国题材图书的读者已有数十万人之多，遍及世界不同种族和民族。

中日战争后，我们知道的最为著名的中国文学家，无疑便是林语堂先生。我们最近读到了他在一本美国杂志上发表的文章，题为《吾非哲人，这又何妨？》，大意是说东西方应该交汇，或者说确已交汇，且这种交汇是必要的；这是因为，当代对人类本质的理解已经发生了变化，正如一座房子的根基已经动摇，需要重建，只有所有住在其中的人——也就是东方人和西方人——共同参与重建，这座房子才能屹立不倒，从而适应一个新的世界。

他在文章中写道："当我读到温杜·威尔基周五还在中国香港，周一就回到了美国，我震惊了！这难道是一个跨洲周末吗？东方与西方确实正在交汇。"

他接着写道："一个新的世界必须由不同文化因素构成，

盎格鲁 - 撒克逊文化、俄罗斯文化和东方文化，等等，都应参与其中。而东方文化，实在是极为丰富的。"

他又提问："中国有没有像笛卡儿学派、康德学派这样的哲学派别，筑起恢宏的逻辑大厦，以阐释宇宙的奥秘？"随后他自答道："完全没有，并引以为荣！"他回答中的"完全没有"，是正确的，符合中国和许多东方国家的实际情况；而"引以为荣"，则包含两层甚至更多的含义。

实际上，所有的中国哲学都只关注两个相近的问题：一是行为礼法，二是修身养性，使其克制欲望，顺应生活。林语堂写道："作为一个中国人，我认为一种文明，只有摆脱做作走向自然，从刻意追求文明回归到崇尚生活和思想的简洁与单纯，才能渐臻完美。同样，我认为一个智者，应该从精明智巧转变为大智若愚，成为一个能感受生活的悲剧，然后又能感受其中的喜剧并笑看生活的哲人。在欢笑之前，我们必须哭泣，因为悲伤会转变为清醒，而清醒则会转变为哲人的笑声；毫无疑问，这种笑声中满是仁慈与宽容。"

林语堂这位中国现代哲学家想表达的意思，只是对古代哲学家孔子言论的现代演绎，也是对保存至今的中国所有古代哲学思想的现代演绎。中国哲学的要旨，在于修身养性，克服悲伤。

在孔子的生活经历中，有一次他遭遇困境，两位敌对的诸侯都要取他性命，没有人保护他，他七天内粒米未进，只能以荒地里采来的野菜煮汤充饥。于是他变得身体消瘦，形容枯槁，但他还是每天抚琴而歌。当他的弟子们对此有所怨言时，他把他们叫到身边说："你们为何埋怨呢？苦难可以教会我们走上正道；芝兰生于深林，不以无人而不芳。此次受困于两位诸侯之间，实为我的幸事！"说完，孔子边走边吟，欣欣然地回到了他的茅屋。[1]

这个故事体现了典型的中国智慧：行为有礼，心灵强健，通过忍受生活中的苦难来摆脱困境。

为什么中国智慧只包含这两个方面呢？因为皇室统治在中国历史久远，而皇廷是行为礼法之根源，由它指导人民何为嘉言懿行。

因此，秉持道德与皇帝相处者便成了人们的典范，而智慧主要体现为遵守礼节和修身养性；能锤炼内心与众人相处并包容他们缺点的人，便有可能担任诸侯乃至皇帝，而位高权重的高官却未必能得到举荐。

1　据《孔子家语·在厄》，孔子曾因于陈蔡不得行，其间，"绝粮七日，外无所通，藜羹不充，从者皆病。孔子愈慷慨讲诵，弦歌不衰"。

中国著名古籍《史记》中记载了与此有关的一则传说，故事是这样的：

一位君主问："谁能为我寻到一位能人？我将把国事托付给他。"

一位大臣回答："陛下，当然是您的公子，他聪颖过人。"

君主说："不，他性情急躁而固执，你们难道认为他真能堪此大任？"

另一位大臣说："丞相是合适的人选。"

君主说："不可，他尽说大话而不干实事，他的忠诚浮于表面而不牢靠。"

另一些人说："那么就只有将国家托付能干的军师鲧了。"

君主回答："不可，他违法徇私，洪水泛滥之时，只为自己修建防洪的水坝，说明他只顾私利而不管众人。"

君主要求他们再想想，找一个可以向他托付国家的人才，不必局限于身居高位的名流显贵。

于是大臣们向他推荐了一个普通人。他们向君主介绍此人：他是一个乡野盲人之子，其母亲是个聒噪的泼妇，他的兄弟成日自吹自擂，自命不凡；但此人与家人们相处甚好，并能协调他们的关系，令他们没有怨言，不生恶念，一家人相安无事，其乐融融。

　　君主听罢说："此人正合我意，我要加以考察。"[1]

　　所以，中国智慧以行为礼法和修身养性见长，因为它发源于皇廷，从诞生之日起就与其不可分离。但这只为我们解释了人生哲学出现的原因，却没有阐明宇宙哲学为何缺失。为什么研究宇宙秩序、生命奥秘以及宇宙中人的地位的哲学，在中国没有出现呢？为什么在中国没有出现类似笛卡儿、康德、黑格尔、柏格森等近代欧洲哲学家建立的哲学派别呢？

　　除了皇廷统治，这还要归因于古老的祭祀制度。

　　祭祀制度的出现向我们解释了宇宙哲学缺失的原因，因为唯有祭司能独识天机，崇拜天神，他们不能容忍思想家在这些问题上置喙。当欧洲的神权盛行时，也没有出现宇宙哲学，因为当时神权独大，掌控了关于知识、教育和探寻真理的一切事务。在18世纪之后，当神权衰微后，各种哲学就应运而兴。18世纪的理性开始摆脱古老神权的统治，原本专属于神职人员的领地，现在可以让科学进行探索了。

　　因此，中国或其他国家以人生智慧而非宇宙哲学见长，这

1　《史记·五帝本纪》有"四岳举虞舜于尧帝"的记载。本文作者转述的这位"君主"应为尧帝，被众人举荐者应为"起于畎亩"的虞舜。据《史记》，"舜父瞽叟顽，母嚚，弟象傲，皆欲杀舜。舜顺适不失子道，兄弟孝慈"。

不是一个是否引以为豪的问题。问题在于，由于一些自然的障碍，理性的功能被妨碍了，而理性本应不受约束地去实现探索真理的目的。因此，这是一种缺陷而并非完美，这不是那位中国现代哲学家想要描述的那样，是中国哲学有意为之的特征，而是一种无奈的必然。

在这个人们凭借多元文化合力创建一个新世界的时代，我们应该明白这个事实，而不是忽视它。我们应该知道，体现在行为礼法和修身养性中的智慧是为了使"生活"便利，也就是为了实用和舒适。但是，这种对"生活"及其实用性的追求，其中却缺少了"生命"及其原动力。我们完善言行、修身养性，是为了生活的平静安定。而探索宇宙秩序和自然奥秘，则是为了解我们在生命中的位置，从追求生活的便利升华到实现存在的意义。

这个新世界须是一个既重视生活，也重视生命的世界，人们应该超越追求舒适，去追求完美；超越寻求内心宁静，去开阔心智，追求心中的最高理想。

（李珮、薛庆国　译）

《孙中山：中国之父》前言[1]

〔埃及〕阿巴斯·马哈茂德·阿卡德

孙中山被尊称为"国父"。

他值得被近代中国人民如此称呼，因为正是他让中国获得新生，他是中国真正意义上的精神之父。

毫无疑问，这种精神层面的新生源于一个思想的诞生，一个思想或许汇聚了众多的思想。

中华民族正是靠孙中山的思想获得新生，我们也用这个思想作为本书的主题。

这个思想便是：知难行易。

1　本文为《孙中山：中国之父》一书的前言，译自埃及辛达维出版社2012年出版的该书。

换另一种说法表示，即：行事比较容易，难的是懂得事情的道理。

在这位伟人提出这一思想之前，中国推崇的并非这个思想。

中国曾推崇完全相反的理念，即：行动最难，懂得道理却是容易的，解释道理也不难。

中国信奉的亘古理念是：知易行难，或者说，说起来容易做起来难。

寥寥几语便是对整个文明的概括。

中华文明的特征最真实地体现了这一思想。中华文明崇敬先辈，治理之道由前人口口相传，代代延续。

中华文明的特点可以被概括为"求知"二字。

简单来说，中国人求知就是为了追求生活的安宁。让心灵避免无益的烦恼，乃是中国人智慧和学识的最高体现。两千年来，中国这块大地未曾改变也不会改变，心灵的烦恼又有何益？接连不断的战争，频繁更迭的王权，斗转星移，一成不变，人人熟知的罪恶去了又来，一切事情的结局提前就已知道。昨天的结果就是今天和明天的结局，过去发生的事情一目了然，尽管将至的未来并不明朗。

国父面临的最大烦恼，便是这个由来已久的格言。人们认为行事困难且益处很少，如果有人对他们说明国家遭遇的灾祸，所有人都会说：

"朋友啊，你说的我们都懂，我们都理解可怜祖国的悲惨遭遇，但如果能够行动且能带来益处，我们也会行动起来。"

"朋友啊，在我们看来，说话何其容易，而付出行动何其困难！"

当他为其事业奋斗时，他初步成功的标志——或者说他巨大成就的标志——就是找到了一群志同道合的人，他们明白只要真正理解行动的道理，行动就不再是难事。他取得了一些成就，尽管并未完全达成他的所愿。但是，如果人们一直遵从着老想法，仍然笃信"知易行难"，那么他连这些成就都不可能取得。

国父致力于让人们"知晓事理"，不厌其烦地对他们阐释自己的理念。听过他演讲、读过他著作的人们或许会认为，他不过擅长理论和宣扬自己的理论罢了，只会沉浸在白日梦里，沉醉于高谈阔论。那些贬低国父取得的任何成就的人如此评价他，甚至还指责他是"白日梦想家"……他们认为，国父除了做梦以外，不会成就任何有意义的事业，甚至他们想不出国父除了做梦之外还做过什么。

而孙中山开始了他的事业，他呼吁推翻"天子"的统治。

如果他不是梦想家，他怎么会想到这番伟业呢？

当时统治着 4 亿百姓的清朝天子有列强撑腰，列强不愿看到清朝倒台，因为清朝天子许诺保障他们的利益和特权。列强明白，清朝的倒台会让他们的利益和特权消失殆尽。所以，谁要推翻清王朝，谁就是在做白日梦。只要没人能做这样的梦，也就不会有人为之付出行动。

然而这正是国父的伟大之处！

由此，国父受到很多人的指责，那些人以无端指责他人为业；因为指责他人何其容易，而致敬和赞许他人才是真正的难事！

清王朝在国父的有生之年终于倒台了。如果有人称国父为实干者，也实非虚言。然而，实干和梦想，对那些有能力者而言同等重要。

国父能成就这一番伟业，是因为他让这样的信念扎根于人们的脑海：想好了应该做什么事，做事就变得容易。

也许人们未曾理解国父想要做的一切，也许他们并未做好自己应该做的；这恰恰印证了国父始终秉持的思想——知之不易，知之惟艰。

孙中山是一位真正的梦想家，如果他不是一位真正的梦想家，就不会为人民作出贡献。本书将阐释一个伟大的梦想，因为那是一个伟人的梦想。他在为整个民族而梦想，而之前，这个民族缺乏类似梦想。只有那些在民族的历史上留下不朽功绩的伟人，才能为整个民族而梦想。

（毛浚语、薛庆国　译）

老子的面孔

〔黎巴嫩〕米哈依尔·努埃曼 [1]

自认识老子那天起，我开始尊崇一切狂人。

所谓"狂人"，同智者一样，境界也有高下，因其为之痴狂之物不同：有的为失去或贪恋的金钱痴狂，有的为他已发明或试图发明的机器痴狂，有的为爱或恨痴狂，而另有的人则为某种只可意会、不可言传的思想痴狂。

"狂人"虽因痴狂之物不同而有所不同，却共有一个特征，那就是：当他们试图以人类语言说明令自己痴狂的事物时，他

1　米哈依尔·努埃曼（1889—1988）：黎巴嫩著名小说家、诗人、文学理论家，和纪伯伦及艾敏·雷哈尼一起，被公认为阿拉伯"旅美派"文学的三巨头。本文选自其散文集《阶段：生活的表象与内在之旅》（贝鲁特努法勒出版社，1989年版）。

们发现无论如何措辞，世人始终无法理解，他们永远是不被人理解的世间异类，否则，他们也不会成为"狂人"。

我多么渴望：让我沾满尘土的双眼，对全人类的面孔视而不见；让我的思想逃遁到那既久远古老，又近在咫尺的幽静所在；让我未沾尘土的眼睛，注视那位狂人中的狂人，和平的天使，安详的使者，美德的圣徒，知足的典范，那万灵之灵——"道"——的传播者：老子！

老子，在你面前，我为我的面孔感到惭愧！

我惭愧！为伴随泪水的微笑，为蕴含欲望的泪水，为焦灼不安的欲望，为让人泪水涟涟的焦灼。

我惭愧！为我的喜悦与悲伤；为听到世人称赞而心花怒放，为遭到世人非议而愁眉苦脸。

为取得微不足道的成功而顿时发亮的双眼，为遭受无足挂齿的挫折而变得阴沉的双眼。

为需求得到满足而舒展的额头，为需求未得满足而紧锁的额头。

为获得爱人亲吻而滋润的双唇，为未获爱人亲吻而干枯的双唇。

为哭丧着的脸颊，为死灰般的前额。

为日复一日絮聒不休的口舌，而絮聒的内容都不过是些鸡毛蒜皮。

老子，在你的忧愁面前，我为我的忧愁感到惭愧！

我的忧愁是干渴者的忧愁，汲取海水止渴；而你的忧愁则从奔涌不息的醴泉汲水，并指引干渴之人找到源泉，但他们却视而不见，听而不闻。

你的灵魂畅饮真实生命的源泉活水，然而当你欲同世人分享天启之乐时，言语却力有不逮，当词语、句段想要盛纳你的启示的醇酿时，它们是何等低劣的器皿！有限的人类的语言，用以表达没有限度、无法度量的伟大思想时，是多么糟糕的工具！诅咒这语言，它给你造成了多少苦恼！祝福这语言，它让我为你的苦恼而苦恼。于是，你的教谕犹如一道道火舌在我面前升腾，而不再是书写在白纸上的黑色文字。我能理解你道出的苦衷：

"吾言甚易知，甚易行。天下莫能知，莫能行。言有宗，事有君。夫唯无知，是以不我知。知我者希，则我者贵。是以圣人被褐怀玉。"

智者无论着装还是言谈，都远离浮饰，然而世人皆爱浮饰。而老子，你是智者中的智者，因此，世人读不懂你的智慧。

　　智者为智慧披上大地一般谦卑的外衣，它在平静与安宁中蓄养万物，然而世人听不到蓄养万物的宁静之音，只能听见母鸡下蛋后的打鸣声。而老子，你是智者中的智者，因此，世人听不见你的声音。

　　妙哉，你的焦灼！那是盲人中独具慧眼者的焦灼，是智巧之徒中狷狂不羁者的焦灼。幸而有你的焦灼，我方能读到人类灵魂最痛苦、最美妙的诉说。你身处人群之中，却发出遗世独立的诉说：

　　"众人熙熙，如享太牢，如春登台。我独泊兮其未兆，如婴儿之未孩，傫傫兮若无所归。众人皆有余，而我独若遗。"

　　"俗人昭昭，我独昏昏；俗人察察，我独闷闷。"

　　"澹兮其若海；飂兮若无止。"

　　"众人皆有以，而我独顽且鄙。"

　　"我独异于人，而贵食母。"

　　那忧愁夹带着光明！那位忧愁者不与嬉笑的人们一起嬉笑，因为他的欢乐源自精神世界，而人们的欢乐来自物质世界。

　　那失望披戴着胜利的冠冕！那位失望者弃绝人类的一切贪欲，除了追求本源以外别无他求。

　　那孤独被安详环绕。那位孤独者遗弃了尘土的自我，因而被人们遗弃，却找到了神性的自我，并被神性拥抱。

那"贫穷"负荷着福祉，那位"穷人"对尘世的浮华闭起双眼，却得到了母亲——"道"的食粮。

那就让一切母亲的心为之欣喜。道，这令老子痴狂的道，即是母。但她与所有的母亲有所不同。她总是在孕育，总是在毫不费力地生产。她没有子嗣，没有父母，生命来自她，归结于她。然而她不能用语言解释，无法用证据说明。能用语言解释、能用证据说明的事物是有限的，而这种精神、这种一切精神的精神，怎么能受到限制？

这种包罗万物却又茕茕孑立的精神怎么会被限制？我听到："有物混成，先天地生。寂兮寥兮，独立而不改，周行而不殆，可以为天地母。"

老子不知其本质，在不得不为之命名时，他称之为"道"，或"大"。

"大曰逝，逝曰远，远曰反。"

"人法地，地法天，天法道，道法自然。"

老子，你的这位母，是多么怪异而神奇！

她是万物之母。从她的子宫（玄牝）中，精神降生，物质也降生。真是无法解释的奥妙！不朽的精神与速朽的物质竟然

来自同一个本源！谁能像你一样认识到这一奥妙，他的面前就
会洞开精神王国之门。唯有像你一样摆脱感官之欲，人才能步
入这个王国。因为沉迷于感官的人，挣不脱有限物质的束缚；
而被物质所缚的人，如何享有精神的自由？

　　啊，老子，你的这位母，多么怪异而神奇！你不知她从何
而来，但你知道她是万物之母；对你来说，她是虚空，但那是
不会枯竭的虚空；她存在，却又不存在，因为她的"有"便在
"无"之中。她是"无"，因为她无法被感知；她是"有"，
因为她可以用精神去把握：

　　"三十辐共一毂，当其无，有车之用。埏埴以为器，当其无，
有器之用。凿户牖以为室，当其无，有室之用。故有之以为利，
无之以为用。"

　　可被感知之物本身无价值，其价值要用其中不可被感知之
物来衡量。大地之上、苍穹之间的万物都不是"道"，尽管它
们来自"道"。"道"是一种感官之外的生命，是她让太阳成
其为太阳，树木成其为树木，蚊蝇成其为蚊蝇。但"道"不是
太阳、树木与蚊蝇。

　　我并非我的躯体，尽管人们所见的我的一切都属于我。我
是"虚无"，是充盈在我骨肉之间的生命。我被感知到的"存在"

并不是我，我不被感知到的"存在"才是我，我存在于我的不存在之中。

老子，你的这位母，确实怪异而神奇！

"道生之，德畜之，长之育之，亭之毒之，养之覆之。生而不有，为而不恃，长而不宰，是谓玄德。"

我多么喜爱这位母亲：拥有一切却不以君王自居，恩泽普惠却不以美德自诩，蓄养万物却不加以主宰。而人世间却不乏这样的"造物主"：创造生灵只为取悦自己，因其受难而心安，因其屈辱而荣光，因其疲弱而获得力量！

你的母亲生育万物，因为生育是她的天性。她不会这样警示自己的子嗣："我是你母亲，你需赞颂我，若你不将我颂扬，不遵循我的意旨，我将把你打入地狱。"因为你的母亲知道，由她而生的万物只能服从她的秩序，只得遵循她的意旨，万物都离不开她的秩序，如同她离不开自身的秩序一样。她不会规训，不会惩戒，不会责骂。而她的子嗣，无论智巧还是愚钝，都各有各的秩序，按部就班，依此运行。愚钝者无意抗拒秩序，智巧者试图以其理智抗拒秩序，因而陷入痛苦；他无法摆脱痛苦，除非他意识到错误，放下执拗，面对"道"的力量承认自己的羸弱，面对无穷的智慧承认自己的无知。

如此，老子啊，"智巧者"方可明白你这番话的意图：

"为者败之，执者失之。是以圣人无为故无败，无执故无失。"

既然从"道"中生发出来的一切皆善，万物在"道"中，"道"也在万物中，那么人如何可以"增加"其善？树杈如何能修缮树木？又如何能占有哪怕一根树枝？

如果存在不义，那是因为人们自身不义，因为他们以为宇宙中存在偏谬，而自己有能力将其纠正，而这正是人类最大的虚妄，也是其灾祸的本源。当人们克服这种想法时，他们便能战胜由其产生的恶；而当人们战胜恶时，他们便超越了善与恶。没有恶，也就没有善；这时，他们就接近了"道"，"道"非善非恶。

啊，老子！但愿人间的立法者、教法学家也能像你一样，认识到永恒的"道"的秩序和人为的一时秩序之间有着大不同。

你说得真好："天下多忌讳，而民弥贫；人多利器，国家滋昏；人多伎巧，奇物滋起；法令滋彰，盗贼多有。"

啊，老子！一切荣耀，属于你的这位母，尽管她从未索求荣耀。荣耀属于她，因为她让你在饱受语言的苦恼后道出大慧之言，她是升腾于时光之掌的光明之舌。你的这段话，表达了何其广博的大爱：

"圣人常无心，以百姓之心为心。善者，吾善之；不善者，吾亦善之，德[1]善。信者，吾信之；不信者，吾亦信之，德信。圣人在天下，歙歙焉为天下浑其心，百姓皆注其耳目，圣人皆孩之。"

你的谦卑是多么高尚，你的坚忍又是多么尊贵，你说道：

"自见者不明，自是者不彰，自伐者无功，自矜者不长。其在道也，曰余食赘形。物或恶之，故有道者不处。"

"知者不言，言者不知。"

"信言不美，美言不信。善者不辩，辩者不善。知者不博，博者不知。圣人不积，既以为人，己愈有，既以与人，己愈多。"

你的知足多么富有，你说：

"祸莫大于不知足，咎莫大于欲得。故知足之足，常足矣。"

你对于"有穷"的见解多么深远，又是多么接近"无穷"，你说：

"致虚极，守静笃；万物并作，吾以观复。夫物芸芸，各

1　"德"，在字面上指"道德"，但《老子》的读者很快会发现，"德"的含义远比"道德"更加丰富；正如"道"（原意是"道路"）也有多层意思，无法用一个词语全部涵盖，除非我们选择"上帝"这个词，因为它的意义也是无限的。——作者注。

复归其根。归根曰静，静曰复命。复命曰常，知常曰明。不知常，妄作凶。知常容，容乃公，公乃全，全乃天，天乃道，道乃久，没身不殆。"

"出生入死，生之徒，十有三；死之徒，十有三；人之生，动之于死地，亦十有三。夫何故？以其生生之厚。"

你关于人性、人生的睿见是多么透彻，你对于人的怜悯又是多么真切，你说：

"祸兮，福之所倚；福兮，祸之所伏。"

"故善人者，不善人之师；不善人者，善人之资。不贵其师，不爱其资，虽智大迷，是谓要妙。"

你的内心又是多么平静，多么澄澈，你说：

"恬淡为上，胜而不美，而美之者，是乐杀人。夫乐杀人者，则不可得志于天下矣。"

你的智慧是多么深刻，你说：

"知人者智，自知者明。胜人者有力，自胜者强。知足者富。"

"不失其所者久，死而不亡者寿。"

哦，老子！你这众人中的异类和导师！但愿你能在我贪婪而无厌、怨恨而暴戾、轻蔑又傲慢、自高自大且颐指气使的心中，在我忽上忽下、忙于追逐欲念与企图之泡沫的心中，播下知足、博爱、自由、柔顺、宽容、和平、安详的种子！

我喜爱你忧郁的面孔——学生无法读懂的师者的面孔；我喜爱你憔悴的面孔——挚爱者无法得其所爱的面孔；我喜爱你困惑的面孔——觅得正道者怀疑自己脚力不堪的面孔。

但我更喜欢的，是你告别楚国关令、转身走向远方时的面孔。我仿佛身临其境，也处于楚国这个感官与欲念的世界，也随你一同越过国境，跨过人世间，将这攘攘世间的功名利禄掷于身后——这世间的人们在不舍昼夜地掘地，似乎可以从中觅得长生不死之道，而他们发掘的恰是自己的坟墓；仿佛我同你一起面朝"道"的王国，我成了你脸上一束"道"的光芒，其间没有焦灼或忧心，没有悲伤或喜悦，没有愿望或欲念，没有善或恶；仿佛我至今正随着你的圣洁灵魂，在无边无界、导向光明的康庄大道上前行，而前行即是正道。

祝福你！

（杨婉莹、薛庆国　译）

智者与鱼 [1]

〔黎巴嫩〕米哈依尔·努埃曼

相传公元前 4 世纪，中国有位名叫庄子的智者，一日垂钓于楚国河边，优哉游哉。不料，来了两位楚国的大臣，毕恭毕敬地告诉庄子，楚国需要他这样的哲人辅佐，大王必以高官相许。庄子听完连头也未回，继续垂钓，并答道：

"我听闻楚王的宫中有只神龟，已经死了三千年，却被供于庙堂之上。大王极为爱惜它，将龟置于纯金打造的华贵器皿中。请告诉我：如果这只龟今天有所选择，它是想留骸骨于金鼎中，还是宁愿拖着尾巴活在泥水中？"

使臣答曰："那它肯定愿意拖着尾巴活在泥水中。"

1　本文译自作者散文集《世界之声》（贝鲁特努法勒出版社，1988 年版）。

话音刚落，庄子便回道："两位请回吧，我也愿拖着尾巴活在泥水中。"[1]

这则故事出自庄子的著作，他的国度孕育了一大批哲人先贤，如孔子、老子、孟子，等等。

这则故事意味深长，耐人寻味。其中最通俗易懂的道理，便是智者不可被束缚，即便是用金子做成的镣铐；智者宁愿追求自由，哪怕是乌龟活在泥土中的自由。涉足政治就脱不了欺诈、谄媚、曲意逢迎，居庙堂之高则难免骄傲自大、颐指气使，而智者追求的却是自尊、正直、诚信、平和与悲悯，这二者南辕北辙。

这，就是这个故事要传达的要旨，也是庄子那句决绝而不近人情的回答之要旨。而我让想象力信马由缰，猜想起两位楚臣离开后，庄子如何处置那条上钩的鱼儿。只见他动作娴熟地将鱼拉出水面，兴冲冲地跑上前，心跳加速起来。就像胜利者盯着败寇那般，庄子俯身看向鱼儿，双手牢牢抓住它，唯恐一

1　这则故事源自《庄子·秋水》，原文如下：庄子钓于濮水，楚王使大夫二人往先焉，曰："愿以境内累矣！"庄子持竿不顾，曰："吾闻楚有神龟，死已三千岁矣，王以巾笥而藏之庙堂之上。此龟者，宁其死为留骨而贵乎？宁其生而曳尾于涂中乎？"二大夫曰："宁生而曳尾涂中。"庄子曰："往矣！吾将曳尾于涂中。"

个不小心，在手里奋力挣扎的鱼儿会成功脱身，跃进水里。

　　这条鱼，不大不小，但进了庄子的肚子，刚好能消除一夜的饥饿。奇怪的是，尽管鱼钩已扎进它上颚，穿透了它的右眼，它还在试图逃生。更奇怪的是，生还的希望破灭后，它开始跟渔夫对话，仿佛它也摇身一变成了智者。以下便是智者与鱼的对话：

　　鱼：刚刚，我听到两位楚臣对你说的话，也听到你的回答。这位智者，可否允许我向你提一个问题？

　　智者：但问无妨。智者一向善于从万物中求知，鱼自然也在万物之列。

　　鱼：我听两位楚臣称呼你为智者，但你那生硬的回答，其中智慧何在？

　　智者：要知道，在智者看来，生命唯一的意义便是自由。没有自由，谈何生命？妨碍智者的自由，不啻将他谋杀。

　　鱼：何为自由？

　　智者：思我所思，念我所念，为我所为。

　　鱼：那你的自由安在？

　　智者：在心中。因此，楚王欲封我为官，无论官位多高，我都不肯受缚于樊笼中；唯愿自由自在，何时想垂钓，便去碧溪边。

鱼：那你是否认为我比楚王更厉害？

智者：何出此言？你跟他毫无相似之处。

鱼：我做到了楚王没做到的事。我束缚了你的双手、双脚，还有你的心和思想。

智者：我不明白。

鱼：你应该明白，你可是智者。

智者：可我的智慧并不是鱼的智慧，请君道来。

鱼：晨光熹微时，你便把鱼钩投进了河中。我的伙伴们，接二连三地吞食鱼饵，随后脱钩而去。我亲见你心焦如焚、气急败坏，就连我也吃了两回鱼饵，未料第三回不幸失手，害了我和你。

智者：确实害了你，而于我无妨。但这与我的自由又有何干？

鱼：从东方欲晓到日上竿头，你一直被我所役，将半日的光阴和自由全抵押给了我。

智者：仅半日时光，为了我的生理需求交付出去，也算值当，何足挂齿。

鱼：非也。做鱼钩、鱼竿、鱼线的工匠，鞋匠，裁缝，木匠，卖饼的大郎，供你柴米油盐茶的商贩，为满足你的日常所需，你前前后后在他们那里典当了多少时光、多少自由？

智者：我不懂你此番话的意图。

鱼：你是智者，应该明白。你何来自由？你的身体受制于能满足它需求的一切，它已被抵押给天地间的万物。

智者：即便我的身体也被抵押给万物，可我的思想是自由的。庄子之所以为庄子，凭的是思想而非身体。

鱼：可你也把自己的部分思想抵押给了我。我只是条微不足道的鱼，而众生芸芸，森罗万象，你的思想岂非源于其中，源于古人、今人和大千世界？

智者：没错。正是我善于从众人与万物中学习，我才有别于众人和万物。

鱼：智者聊以自慰的竟是这番空洞之言！智者啊，你的心，难道不也已抵押给了天地万物？此刻它已归我所属，即使当我进了你的肚子。

智者：绝非如此。众人之求，非我所欲。我的心不会随波逐流，它的缰绳牢牢握在我的手里。

鱼：你跟别人一样，也意欲得到我。你已把拴你心的缰绳给了我，因为心受制于欲。

智者：夸夸其谈的鱼呀！若把你的话作为衡量自由的标杆，

这世间就没有一个自由人了。

鱼：谁又告诉你，这片土地上有过自由人？人皆受制于他的未知，只有等他认识了一切未知，才会摆脱未知获得自由。你尚不清楚，在你毁掉我生命、妨害我自由的同时，也在损害你自己的生命和自由。你施害时也在受害，你吃掉食物，也会被当做食物吃掉。作为一位智者，你怎会不懂这个道理？

智者：倘若我信了你的话，就会觉得自己连丝毫的自由和生命都不拥有。

鱼：你难道不想钓到一条比我更大的鱼？

智者：想呀。

鱼：可是智者啊，你能随心所欲得到所欲之物吗？困倦、饥渴、疾病、死亡，在你这来去自如。夜里的梦、白天的思绪，也不受你左右。智者啊，你既然做不到这些，又谈何自由？

智者：我听不懂你的话。你是想说，庄子——一位德高望重的智者，他非自由身？刚才你也听到了，我对高官厚禄不屑一顾，只是为了自由身，无拘束。

鱼：你是智者，竟然不懂我意！你应当明白啊。我想说的是：庄子跟其他人一样，都以幻为真，用奴隶的舌头和心唱颂自由。可作为智者，你该明白：人不过是血肉之躯，受制于他人和世间万物，以自由之名妄言妄语定是徒劳。人啊，不过是渔夫而已。

智者：渔夫而已？你这又是何意？钓鱼又跟自由何干？

鱼：试问，你每回都能钓到你想要的那条鱼吗？

智者：当然不能，我又看不清水下的东西。

鱼：你不想每回都钓到一条大鱼吗？

智者：想啊。

鱼：那你钓到了几条鱼呢？

智者：运气不好，只钓到了这么一条聒噪的小鱼。

鱼：你把鱼钩抛向水中时，就是想钓这条鱼吗？

智者：要是我知道鱼钩钩住的是这么一条鱼，我会砸烂鱼钩的。

鱼：那就是说，并不是你主动选择了我，满河的鱼儿，你也不是非我不可。

智者：的确如此。

鱼：人也是这样啊，庄子。人生的江海河流上，每一个被投掷的鱼钩都是渔夫的意志。有时钓上来的是条鱼，有时是青苔、杂草、污秽，有时钓上来的只有失望。没有一个渔夫掷下鱼钩、撒开渔网时，是奔着某条特定的鱼去的。他就如同一个盲人，在一片漆黑中捕猎，不清楚这片黑暗会赐予他什么。

智者：那又是谁，让我的鱼钩钩住一条像你这般喋喋不休的鱼，而让旁人的鱼钩遇见了珍珠，又让另一些鱼钩空掷而归？

鱼：或许是河的安排，又或许是庄子和河水共同的安排。庄子啊，当你垂钓于溪上，不管收获了什么，都心满意足，你便将河的意志变为你的意志，而那时你才称得上真正的智者，踏上了通往自由之路。

智者：自由之路必定荆棘满布，荒无人烟。

鱼：非也，这条路对于求索的人而言，是一块风织的飞毯。庄子，你该回去了，跟自由道歉一千零一次；若是它宽恕了你的过错，那你对我的伤害，我也一笔勾销。走吧，再见！

庄子正出神地思索鱼儿的话，未曾想它话音刚落，便跳出自己的手心，跃入水中。庄子像是从梦中惊醒，怅然良久，凝望着缓缓而流的河水，刚才还攥在手中的鱼竿，此刻正在水面漂浮。

庄子不晓得鱼是如何挣脱开来，还带走了鱼竿，也不记得夜幕是何时降临的。他长叹一口气，开始打道回府。走在路上，他感觉自己正乘着飞毯，御风而行。

（胡杨、薛庆国　译）

作家的笔墨，犹如烈士的鲜血

〔巴勒斯坦〕阿卜杜勒·卡里姆·卡尔米 [1]

亲爱的朋友们：

我们怀着渴慕之情来到了北京，来到了伟大的朋友、一切为自由而战斗的人民的朋友身边。在这里，我们听到，她那伟大的心脏和我们一起跳动，就像我们在巴勒斯坦所听到的一样，就像各国人民在一切地方所听到的一样。在这心的搏动中，包含着她的伟大人民反帝的历史。

1　阿卜杜勒·卡里姆·卡尔米（1909—1980）：巴勒斯坦著名作家、诗人、政治活动家。曾于1966年率巴勒斯坦作家代表团来华出席亚非作家紧急会议。本文为其在会上致词，原刊于1966年6月28日《人民日报》第6版。题目为编译者所加。

朋友们：

我来参加亚非作家在北京召开的紧急会议，这个会议是为了对越南人民为争取祖国的自由和统一而进行的斗争表示支持。如果说，支持越南人民人人有责的话，那么作家，特别是亚非作家，就有更大的责任，因为这就是保卫自由。伟大的阿拉伯先知说过："谁在你们之中发现了罪恶，则以手更易之；若不成，则以舌更易之；若不成，则以心更易之；这是最起码的信仰。"

难道还有比美帝国主义为阻止越南人民获得自由而向他们发动的罪恶战争更残暴的罪行吗？

年轻的一代是能够用他们强有力的双手来清除这一罪行的。我们，作家和诗人，我们中间不能直接参战的人，至少应该拔出他们的笔来，代替宝剑，来保卫越南人民的自由。作家之笔必须用越南的战火来点燃，直至其芳香四溢，并让春风把它带到四面八方。

作家的笔墨，犹如烈士的鲜血，两者都能放射光芒，驱散夜的黑暗，把争取解放的英雄引向黎明。

亲爱的朋友们：

斗争中的团结，在向着自由和统一的道路上行进中的团结，把伟大的中国人民和巴勒斯坦人民联结在一起了，在为反对共同敌人而斗争的整个历史中所受的苦难，把我们两国人民联结在一起了。朋友们，在我和你们相会之前，我就已认识了你们，革命的同志，即使尚未相遇，也是生死与共的同志。

在我和你们相遇以前，我就和你们在一起；在鸦片战争中，我和你们在一起；在井冈山上，在延安的窑洞中，我和你们在一起；在你们的长征中、地道战中，我和你们在一起。当我看到了你们，我就了解了你们是怎样从帝国主义者统治下、从帝国主义者带来的灾难中取得了解放的，我就了解了你们是如何自力更生建设新社会，如何体现你们伟大的领袖毛泽东的思想的。

亲爱的朋友们：

我们最大的敌人就是美帝国主义，它戴有各种各样的假面具，有时戴上西德的面具，有时戴上以色列的面具。它的假面具是很多的，但是我们认识它的一切面具，如果它认为我们不知道它的种种面貌，那它就比鸵鸟还要愚蠢，鸵鸟是头小身体

庞大的动物，它生活在我们阿拉伯沙漠。这种鸵鸟，当猎人要
捕捉它时，它把小小的头埋进沙里，它那庞大的身体却露在外
面，它愚蠢地认为，如果把头藏起来，猎人就看不见它了，这样，
它就成了很容易捕获的猎物。

致中国读者

——为《宫间街》三部曲中文版而作

〔埃及〕纳吉布·马哈福兹[1]

埃及和中国都是世界上最古老的国家，差不多在同一时期，各自建立了自己的文明，而二者之间的对话，却在数千年之后。埃及与中国相比，犹如一个小村之于一个大洲。三部曲译成中文，为促进思想交流与提高鉴赏力提供了良好机会。尽管彼此相距遥远，大小各异，但我们之间有着许多共同的东西。对于此项译介工作，我感到由衷高兴，谨向译者表示谢意。我希望这种文化交流持续不断，也希望中国当代文学在我们的图书馆

1　纳吉布·马哈福兹（1911—2006）：埃及著名作家，公认的阿拉伯现代小说大师，曾获 1988 年诺贝尔文学奖。本文撰写于作者的代表作《宫间街》三部曲的中文译本（湖南人民出版社，1986 年版）出版之际。

占有席位，以期这种相互了解更臻完美。

（朱凯、薛庆国　译）

《中国哲学》序言

〔埃及〕福阿德·穆罕默德·西伯勒[1]

现代发明为人类带来了以通信和交通工具为首的诸多显赫成就。尽管如此，文化的壁垒依旧存在，成为阻碍各民族、各人民之间相互理解的绊脚石。实际上，各民族的精神联系落后于物质联系。由于有了文化的壁垒观念，观念的差异和思考判断的分歧便随之而来。

19世纪末，英国殖民主义诗人鲁德亚德·吉卜林在对大英帝国大加赞美的诗中写道："东方是东方，西方是西方，两者永不相聚。"这个观点已经成为谬论，而信仰它、实践它会对

1　福阿德·穆罕默德·西伯勒（1915—1975）：埃及外交官、学者、翻译家。本文选自其著作《中国哲学·上卷》（埃及知识出版社，1967年版）

世界产生许多危害。有关通信和交通工具的现代发明，让世界各个部分彼此靠近，距离日益缩短，各种地方问题也会波及世界，一个国家遭遇的灾难将会影响到其他国家。

换言之，在吉卜林诗中声称的"东方和西方不可能相聚"这种 19 世纪的思路下形成的世界政治秩序，已经分崩离析。从旧政治秩序的废墟上，新的亚洲与非洲国家横空出世。在吉卜林所处的时代，没人设想过这些国家能够存在，更遑论它们会在被一小撮西欧国家垄断的国际社会中发挥重要作用了。

于是，一些思想家被人遗忘的观点又被重新翻出。这些人曾经是那个短视时代的政客，人们把他们归为唯心主义者或虚构主义者等空想者之列。他们坚信，民族观念在国际社会中变得格外重要，世界正面临一场思想的冲突，恐怕会对全世界的未来造成毁灭性的结果。

不论人们为了各民族之间化干戈为玉帛付出了多少努力，为调和不同意见者之间的矛盾投入了多少心血，思维取向的不同总是导致民族间产生分歧和仇恨的首要原因之一。因此，了解各种思维方式，便成为促成各民族互相靠近、互相体恤、互相友好、互相关怀的重要因素。

在我们这个时代，任何旨在建立实现世界和平的全球性政治、经济秩序的努力若要取得成果，都必须作出真诚而强有力的行动，去缩小不同文化、不同思维方式之间的差距。在这方面，我们在任何情况下都不能忽视像中国这样伟大国家的思想风格。这不仅因为中国人口占世界人口的四分之一，而且因为它继承了一个悠久的文明遗产，而其人民也决心再现昔日荣耀，在国际社会履行自己的文明使命。

我们这项研究的重要启示之一便是：西方学者在谈论黑暗中世纪的文化衰落到极点的时候，却忘了中国在那个时候（即公元 618—907 的唐朝），正在经历文明的启蒙，文化的昌盛达到了顶点。在那个朝代，第一本印刷的书籍问世了。西方学者偏爱希腊罗马的文明遗产，视之为人类文明之大全，却无视中东、远东的历代先人留下的灿烂的文明遗产。

不过，促使我们研究中国思想的，还有一个重要原因：无论是同西方还是东方的思想模式相比，中国思想都显得与众不同。

这种不同体现在风格、方法论、价值观和目标上。

读者若是问，中国有没有和笛卡儿与康德相仿的哲学派别，立足于有关知识、真理、实在等方面的逻辑和理性说服，那么答案是否定的。

而就认识论和超自然的学说而言，中国或许该向印度取经。

这是因为，中国人生性对这类思考不感兴趣。自然因素和现实生活始终影响着中国思想，使其对逻辑学家的刻板与咬文嚼字不甚关心。中国人从不满足于"我对你错"，对他们而言，没有什么永恒不谬的绝对体系。中国的智者们不喜欢在研究中使用那些只有专业思想家才能理解的术语和学究式表达，而总在致力于用朴素的语言简化自己的观点，采用大众能够理解的简明风格。

在研究过程中，本人一直思考着有关中国思想的三个问题：

第一，中国哲学的性质及其对人类思想遗产的贡献；

第二，"中国哲学没有方法论"的说法是否真实；

第三，西方学者对"中国哲学没有发展"的判断是否合理。

想要弄清第一个问题，需对中国哲学和西方哲学进行比较。在不同的历史时期，中国哲学分别关注以下三类内容：

一、在魏朝（220—265）和晋朝（265—420），中国哲学关注的内容时称"玄学"。

二、在宋朝（960—1279）和明朝（1368—1644），中国哲学关注的内容为"理学"。

三、在清朝（1636—1911），中国哲学转而研究的内容为"律学”。

这些思想问题在西方哲学中同样受到关注。

西方哲学包括几个分支：形而上学、伦理学、认识论、逻辑学等。在公元前 5 世纪，孔子就在他的著述中提到了“人道与天道”，他指的正是西方哲学思想的两个分支。

所谓“人道”，大致上指的是伦理学；所谓“天道”，对应的则是形而上学。

至于西方哲学的其他分支——诸如逻辑学、认识论等，从孔子出现到公元前 100 年期间的思想家对其有所提及，之后的思想家们则将其忽视。即便如此，稍后的时期见证了哲学研究方法论的确立，即对所谓“为学之道”进行研究。值得注意的是，上述方法论的目标不在于追求纯粹的知识，而是为自我教化打下基础。更恰当地说，它的目的并非求真，而是追求至善。

如果说，中国哲学在研究方法论上弱于西方哲学和印度哲学，那是因为中国的哲学家们认为知识本身并不具备价值，所以不愿为了纯粹的求知而求知。即便是能够直接作用于眼前幸福的实践型知识，中国哲学家也更偏向于在能够直接产生幸福的实际行为中应用它，而非沉浸在与其有关的论辩中。他们认为，论辩是没什么用的空谈。因此，中国人在修撰文章时不太考虑建立思想门派，认为这本身不是目的。中国哲学家中多数学派的目标，都是注重对"内圣外王"之道的追求。"内圣"，就是人要建立自身的美德；"外王"，就是在世界上成就伟业。人类的最高目标，就是集美德、智慧和君王之业于一身，成为圣人，或像柏拉图所说的"哲学王"。

中国的智者在没能掌权或没能担任一官半职，从而无法实践自己的原则时，他就会去著书，把著书当成建构思想流派的途径。倘若他在国家或他所处的州县获得了满意的官职，他就不会去写作。这就是中国古代哲学作品数量较少的原因；而且，许多哲学作品缺乏统一性、协调性和整体性。可以看到，哲学家（或他的弟子）将若干分散的著述汇编成一本书，而其中的观点可能缺乏联系或各不相关。

相较于关注人的成就和在文化、物质方面的能力，中国传统哲学更加推崇"人性"（即人的道德属性）。在这种标准下，如果一个人是圣人，即便他没有任何文化知识，他依然是圣人；如果一个人是恶人，即便他掌握了无尽的知识，他仍旧是恶人。哲学家王阳明（1472—1529）将圣人比作"精金"，称人只须拥有纯净的品性，就能成为圣人，这与知识或其他才能的多少无关。人们的才能总是会有些差别，但这种差别就如同八枚金币与九枚金币的分量差别那样细微；无论是八枚还是九枚金币，它们的材质都是金子。这里，金子的材质象征着"事物的实质"，而金子的分量象征着"成就的多少"。

中国的思想家尤其重视"实体"，不太关注抽象的知识。

同样，认识论不是中国哲学中的重要部分，原因有二：

一、中国哲学并不关注追求知识本身。

二、中国哲学未明确区分个体与实在。

这样，西方哲学和中国传统哲学的区别就显露出来。

西方近代史上有一个极为重要的印记——"主体意识"。一旦主体感知到自身，世界就立刻分为两个部分：

一、自我，即一切主观的（内在的或个人的）。

二、外我（世界），即一切客观的（表象的和外部的）。

"内在自我如何认识客观世界"的问题由上述划分衍生出来。西方哲学对认识论的大力推崇即源于此。

中国哲学并没有包含对主体的清晰感知。结果便是，中国哲学没太关注自我和外我（世界）的区分，中国哲学中的认识论也就没有成为中国思想的主要问题。诚然，中国的一些哲学派别深入研究过自我和世界的问题，但从根本上讲，这些学派受印度思想的影响比受中国本土思想的影响还要大。后者始终没有关注从"承认自我与外我的界限"生发出的诸多问题。

逻辑学在中国也没有得到像在希腊哲学及源于希腊哲学的众多学派中一样的发展。这是因为，中国哲学并没有对逻辑学的迫切需求。逻辑学是辩论必不可少的手段，它常被用于捍卫各个思想流派。

人的事务是中国哲学的关切焦点，形而上学的话题则没有受到同样的关切。但是，中国哲学推崇"内圣"之道，高度重视自我教化，寻求"文以载道"。中华人民共和国成立后的新政府借用此法发展现代中国，推动民众响应领袖的意见，并在这方面获得巨大成功。

那么，中国哲学是否真的没有方法论呢？

这一问题与思想的呈现有关。可以肯定的是，能够连贯、统一、有序地呈现思想的中国哲学著作数量相对较少；由此，中国哲学没有方法论的观点便流行起来。然而，我们所称的方法论实际上可分为两个层面：

一、表面上的方法论；

二、实质上的方法论。

这两个层面之间不一定存在联系。若说中国哲学缺乏实质上的方法论（这即是说，这种哲学内部不存在系统性的整体观念），就等于说中国没有哲学。众所周知，希腊哲学在初始阶段也缺乏表面上的方法论。以此为标准，苏格拉底没写过书，柏拉图在作品中采用对话体，亚里士多德是第一位——也是唯一一位清楚、有组织地将每个哲学问题呈现出来的希腊哲学家。

从表面呈现的角度来判断，亚里士多德的哲学相对而言具有方法论。不过，若从哲学的内容来看，柏拉图的哲学同样有方法论。

基于前述，必须具备实质上的方法论，哲学才能成为哲学。或许中国哲学不像西方哲学那样拥有表面上的方法论，但从实际内容来看，中国哲学的方法论是强大而别致的，并不逊色于西方哲学。

关于中国哲学方法论的问题将我们引向第三个问题：

中国哲学是否真的在达到某个程度后便停滞不前，没有继续发展延伸呢？历史研究向我们展示了社会组织的运动趋势——复杂化，以及知识的转变趋势——专门化。后代在前代经验的基础上建立他们的生活，并从前代的所有成就中获益。因此，历史的运动是不断向前的。如果我们对中国哲学进行考察，上述现象就会在中国哲学的作品中凸显。

自汉朝（前206—220）开始，中国哲学探讨的问题和范围不如之前那么丰富，也没有之前那么宏观，但可以肯定的是，晚近的哲学比之前的哲学表达更为清晰。

考察中国哲学的连续发展，首先要把材料和时期对应上，把观点和人物对应上。这样，每个哲学派别的真正面貌就会清晰地显现，中国哲学的发展就会变得可以理解。

西方的思想家们喜欢说，社会主义在中国的成功要归因于这个国家长久以来深陷贫穷之中，以及中国人对封建地主的厌恶。然而，中国社会主义取得巨大成功，赢得了四分之一人类的拥护，这主要归结于领导人能娴熟应用中国哲学，而中国哲学是曾为人类作出巨大贡献的一个悠久文明的结晶。

我曾分别于 1957 年、1963 年、1965 年三度访问中国，得以近距离接触这个国家的发展。中国振兴的力度和速度让学者和研究人员感到震撼，连西方世界都对其刮目相看。

在本书中，我呈现了从最早期到当代的中国思想的要素和发展历程，因为过去与现在彼此交织，不可割裂。本研究主要依据以下四类素材：

其一，译成英语的汉语参考文献。其中有些是从中国的图书馆获取的，有些是从我在日本、马来西亚和英国居住期间结识的中国朋友那里获得。

其二，欧美文献。

其三，我与中国学者及研究中国哲学的各国专家的访谈。

其四，我在多次访问后对中国的个人印象。这些印象中，有些对书中观点的形成产生了影响，我希望能以此填补阿拉伯语书籍的空白。

1965 年 4 月 12 日，我在武汉采访了毛泽东主席。其间，他提到了积极中立和不结盟的理念。他认为，这一理念不仅在政治领域和经济领域适用，在文化领域也同样适用。他表示，中国不但坚信这个理念，还要将其传播到整个世界，并为实现这个理念而奋斗、牺牲。

"求知，哪怕远在中国。"不论这句话是否真是先知穆罕默德亲口所言，它无疑是一句伟大的名言。

1967 年 7 月 2 日于开罗

（孔令严、薛庆国　译）

《雨之歌》等短诗四首

〔叙利亚〕萨拉迈·奥贝德[1]

一、雨之歌

啊，大地！如同你

为雨的进行曲

欢笑，欣喜，

如同园圃的枝叶

梦想春风

和万紫千红，

1　萨拉迈·奥贝德（1921—1984）：叙利亚诗人、作家、语言学者。曾于上世纪七八十年代在华工作12年。其短诗选自北京大学外国语学院阿拉伯语系网页：https://www.arabic.pku.edu.cn/xyzj/xyjy/1209161.htm。

我的心也在歌唱

——为雨的进行曲。

因为我，大地，来自你，

也归向你。

我活着，不再孤寂，

这里，我的亲人在建设，在奔忙，

他们一手拿镐，

一手握枪。

而在那里，

大地为我勤劳的民众笑逐颜开

他们一手拿镐，

一手握绷带。

何时会治好伤？

武器在人民手中歌唱？

我不知道。

（仲跻昆、薛庆国　译）

二、西湖

美不胜收的西湖啊！

你还记得

恶霸与倭寇在这里

花天酒地，

耀武扬威，

淫威一片，

充满湖岸。

当年美丽无比的湖

是一个睡梦中卖与陌生人的姑娘。

她的呻吟在他听来

是鸟儿歌唱；

她的泪水在他杯中

是美酒佳酿。

美不胜收的湖啊！

如今你唱着

胜利之歌，

枝叶、花、鸟在舞蹈，

群星、月亮在微笑。

但我在你的双眼中，

读到轻微的颤动，

忆昔的苦痛。

不要焦虑不安！

往昔不会复返，

黎明已把它砸烂。

（仲跻昆、薛庆国　译）

三、真主与异客

主啊！求你别在这里合上我的双眼！

在这里，人们的心纯洁无瑕，

在这里，江山如画。

但我思念我的故土，

要对那里的山川、海岸

看上最后一眼。

求你对我的心不要下手太狠，

我们之间没有什么仇恨。

你是从来未见过我在你的神殿

双膝跪下把祈祷词诵念，

我没在节日里宰牲祭奠，

我没在生日点蜡许愿。

但我对你的祈祷

是微风催着花儿开放，

是鸟儿对着晨曦歌唱

让我在那里活上最后一天！

那里有我心爱的亲友，

难忘的往事有苦有甜，

苦难流亡的童年，

青春似花一般，

也伴着刺刀、皮鞭，

是因为他不肯为侵略者、傀儡或神像

献花，烧香

如今我白发如冠，

仍手拄棍杖

继续赶路向前。

奔跑的队伍排挤我，

他们不问这路是谁修建，

这辉煌的火炬是谁点燃。

主啊！我无悔无怨！

你难道没看见我的心洁白如雪一般？

那么就让我在那里合上我的双眼！

那里有我心爱的亲友，

他们流着血红的泪水，

男子汉知道哭的滋味。

（仲跻昆、薛庆国　译）

四、别了，北京

千丝万缕的思念催促我回到故乡

千丝万缕的留念吸引我留在北京

那边是祖国、家庭和回忆

这里是第二个祖国

第二个家庭

还有无穷无尽的回忆

无论我想起北京的哪个地方

都会引起广阔无垠

根基深厚

芬芳馥郁

色彩斑斓的回忆

勤奋工作

相互合作

真挚友谊的回忆

为了人

为了人的一切

永远向着更加美好未来的

持续不断的

巨大变化的回忆

……

别了，北京

最后告别了，北京……

假如有一天我再回来

也许我这个阿拉伯老人

再也认不出这古老的城市

正在神奇地变成

一位楚楚动人笑容满面

充满希望和热情的少女

（谢秩荣、薛庆国　译）

《中国古代诗选》译者前言 [1]

〔叙利亚〕萨拉迈·奥贝德

这部中国古代诗集的大部分，曾陆续刊登在1981—1982年阿拉伯文版的《中国建设》杂志上，但这只是一个小小的努力，为的是吸引这个杂志的阿拉伯读者关注这一文学的巨大宝库。这一宝库的大多数，很长时间以来对于阿拉伯读者而言一直是陌生的，而它却是值得他们关注和研究的。这部译稿，首先是依靠这个杂志的阿拉伯文部选出的诗歌原作，协助我从中文直接译成阿拉伯文的，是北京大学的阿拉伯语教授吕学德。其次，我还借助了一些法文、英文资料，这些资料都是很有

1　本文收入郅溥浩等著：《中外文学交流史：中国—阿拉伯卷》（山东教育出版社，2015年版）。

参考价值的。

这部译稿对某些原作的诗歌音律进行了推敲，另一些则译成散文诗。两种方法都有它的缺点，但译稿尽可能地忠实于原文，因此内容多数是忠实的。至于诗歌原有音乐性的损失却是难以弥补的，因为中国诗歌有着很精确的音乐性，甚至某些词语本身就具有音乐性，能够细致地表达出喜怒哀乐情绪。

中国古代诗歌表现了哪些内容呢？

无疑，大自然是中国古代诗歌最丰富的营养来源之一。中国是一个充满大小河流、山脉相连的国度。这些山脉有的青翠浓绿，有的终年积雪。而大小峪中坐落着许多庙宇，周围是阡陌相连的广阔田野，到处是青砖黑瓦的农舍，就像是一双天才的巧手绘制而成。中国还有广阔的大草原，有时像一张绿色丝绸地毯，有时又像翻动着金色浪花的海洋。那里有一望无际的牧场，装点着各式各样的鲜花，牛羊遍地，鸟儿鸣啭。这里的天空多数情况下湛蓝透明，云彩飘动，像一幅丝织的锦绣画面。

中国古代诗人由此获得他们整个诗歌或几段诗歌的灵感，尤其是月夜、春天、迷人的小湖和静谧的乡村。现实与想象或是神话交会，风格简练、明快，具有很强的象征性、隐喻性。野雁在秋风瑟瑟中飞回南方的故土，暗喻着诗人对故乡的思念；

黄昏，喻示着诗人走向不可知的未来；高山象征着青春活力、威严、敢于对抗；河流，象征着命运奔流到海，不知回返。

诗人经常将自然与各种场景相连，表现自己的思念、忧伤、欢乐。大自然不能把诗人与他生活其中的人民分离开。诗人无论走到哪里都会亲眼看到，亲耳听到，亲手触摸到，亲身感受到人民的痛苦和希望。他们的悲伤是何其多，他们的欢乐是何其少啊！许多宫廷诗人不能长期怀抱着他们的丝竹、琴弦，他们看到的暴虐、不公、宫廷腐败，吞噬着他们的良心。他们抛下丝竹、琴弦，投身人民的棚屋，回到自然的怀抱，享受自由的风情。

这个时代诗人们描写的悲剧是什么呢？最大的悲剧莫过于战争！

中国古代诗人能够分清正义的防御性的战争和扩张性的侵略性战争的区别。他们赞扬抵抗性、解放性的战争。而扩张性的战争是帝王们发动的，每次这样的战争都没有真正的胜利者。诗人描写战争带来的悲惨景象：男人们血肉横飞，老人加以掩埋，以致父亲们都希望不生男孩而只生女孩，以免男孩子以后被战争所摧残和吞噬，广阔的田野只见寡妇和丧子的女人耕种，她们没有农作的经验，也没有从事如此艰辛劳动的能力。

战争需要男人和金钱作燃料。

男人被驱赶上战场，他们多半不知道战争的原因和目的，他们与彼此并无仇隙的人进行战斗。

钱是用鞭子征集起来的，这都是来自皇宫或是地方官的授意，或者二者根本就是一丘之貉。税收数目巨大，税吏冷酷无情，天灾人祸连绵不断。人民在呻吟，诗人在痛苦。诗人描写劳动者的苦难——上岁数的卖炭翁、田间收割者、流浪汉、失夫丧子的妇人、服徭役者……他批评和揭发暴虐的剥削者——大地主、税吏官，乃至大臣和君王们。在中国诗人眼里，他们都是豺狼，吃人民的肉，喝人民的血。

中国古代诗歌的另一个重要内容是思念祖国，或思念故乡——回到童年的游乐场，回到青年时的记忆，像飞鸟倦飞归巢，像恋人回到恋人身边。在多数情况下，他们的这种思念往往是向着南方。王朝的京城多半在北方或西北方，许多文学家、艺术家被吸引到那里去，这是他们从事思想和学术活动的中心，但京城不能浇灭诗人心中对南方故乡、对亲朋好友的思念。思念有时是非常强烈的，这种思念使我们想起了本世纪（指20世纪——译者注）初阿拉伯海外诗人，尤其是黎巴嫩诗人们的诗歌。

如果云彩向南方飘去，诗人会欢呼，一旦月儿出现，他们会激动。秋天来临，大雁飞回南方的家园，更增加了诗人对亲人和故乡的思念。他们会向大雁致意，希望能像它们一样，也有一双翅膀，也能一起飞翔。

多数中国古代诗人的诗歌有着共同的主题和内容，如颂酒，这可以和阿拉伯诗人艾布·努瓦斯、波斯诗人欧默尔·海亚姆媲美，在同一题材上有着相同的内容和场景。也许欧默尔·海亚姆的世界性声誉也不可能遮盖住杜甫、李白的声誉。

其他诗歌主题和内容还有爱情、赞颂、悼念……这里无法一一叙述。

最后，中国古代诗人表现出了勇敢、忠于人民、热爱祖国的美德，他们的诗作具有透明性，表达了对美好未来的向往——经过长期的艰苦斗争，无数人的牺牲，流淌了数个世纪的鲜血和泪水，这样的美好未来终于成为现实！

（郅溥浩、薛庆国　译）

我的"中国经历"

〔叙利亚〕尼扎尔·格巴尼 [1]

1958 年至 1960 年间，我的人生之舟在中国停泊。我这段"中国经历"又是怎样的情形呢？

如果以诗人的身份来谈论中国，也许我会苛责她；但如果以知识分子的眼光看待中国，我要为她戴上花环，向她代表的人类最伟大的实践之一致敬。

从诗歌的角度来看，中国一直游离在我的感官之外：由于政治制度的缘故，以及对外交官的严格限制，我无法与中国人

1　尼扎尔·格巴尼（1923—1998）：叙利亚著名诗人，阿拉伯世界尽人皆知的"情诗王子"。1958—1960 年，曾在叙利亚驻华使馆担任外交官。本文选自其回忆录：《我和诗的故事》（大马士革尼扎尔·格巴尼出版社，2000 年版）。

交流，不能以任何方式跟他们对话。

中国的高墙——我不是指历史的城墙，也不是指象征意义的围墙，而是指真实存在的高墙，不允许非中国人穿越。

我见到的中国，是中国被允许给我们见到的样子，是以北京城为中心的方圆 15 英里的区域。在中国外交部礼宾司的组织下，我们也曾对中国的其他城市进行外事访问。访问中，我们俨如小学生出游一般，一举一动都由"校长"监护。

我曾想独自坐在中国的竹林旁，独自嗅闻荷花的芬芳，拥抱一个长着一双中国眼睛的孩子……

然而，我这些不乏童趣的念头却无法如愿。所有的竹林、所有的荷花、所有的中国孩子……都不和外国人交谈，他们只有等官方翻译在场时才开口；而他们说的话，会被一一记录在册。

我本想见识一下真实自然的中国人，看他们怎么欢笑，怎么歌唱，怎么制作精美的器皿，怎么啜饮茉莉花茶，怎么用木筷夹起饭粒——像雀鸟一样……但我未能如愿，为此，我极度伤感。

诗人如果不同他的创作对象打成一片，交融在一起，那就只能游离于光明之域的外围。

中国这片辽阔的土地，孕育了无数个被魔力与惊奇包扎的礼物。她的大自然令人惊叹，她的人民温润善良，可她偏偏在众多爱慕者面前，裹起厚重的面纱，遮去大半姣容。

我本想为中国写一首情诗，但她不愿赴我的约，还关上她阳台的门……

尽管如此，我还是为非凡的中国奇迹而折服——她让亿万人民摆脱了疾病、饥饿、鸦片与殖民主义的魔爪。

为了保持公正客观，我要说：谁若想了解中国，那就该抛弃一切成见，要用中国的逻辑——而不是自己的逻辑——去探讨事情。

如此，他便会发现，中国的言行举止实则合情入理：毕竟，殖民主义曾把中国人视若猫狗一般卑贱，而伤痛仍然驻留于中国人的唇舌。

我在中国收获的诗歌灵感不多，某种程度上，我在这里的创作更像是从记忆的泉源中汲水。

我生命中这段"中国经历"的主色是黄色。

黄色是一种深邃、平静、文明的颜色。它与我的心灵缔结姻缘，一个美丽的婴孩由此诞生，他的名字是忧伤。

在东南亚，忧伤曾首度向我袭来，如同一只打湿翅膀的海鸥。在此之前，我从未遭遇过忧伤之鸟，也不许它在我的眼睑筑巢，与我共处一室，同卧一榻。

在此之前，我总是像一匹骏马，在欢乐的大地上疾驰，愉快地嘶鸣，为太阳、青草和自由。

而在中国，我的诗稿开始绽放忧郁之花，它不断生长，直到我的簿册变成泪的森林。

如此灰沉之调，在我最忧郁的两首诗作——《忧伤之河》和《亚洲的三封信笺》中清晰可见。

除了忧伤的诞生，在中国整整两年的自我封闭，还让我转生于一具东方女性的身躯——一位被历史的城墙、蒙昧的宗派主义与部落的屠刀围困的女性。

这种戏剧性的、令人称奇的转生给我留下的印痕之一，便是我于 1968 年、也就是完成创作的十年后，在贝鲁特出版的作品——《一个无足轻重的女人日记》。

（杨婉莹、薛庆国　译）

东方红：中国印象

〔埃及〕穆罕默德·哈赛宁·海卡尔 [1]

1970 年中国首颗人造卫星"东方红一号"发射成功的时候，卫星在绕地飞行之际反复播放的，是一段名为《东方红》的乐曲。身处各地的八亿中国人把耳朵贴近收音机，仔细聆听这来自外太空的电波。

我不太清楚把"东方红"选作中国首颗人造卫星名称的人究竟是谁。我问了许多我在中国遇到的人，但谁也不能给出确定的回答。但我认为，给卫星取名的应该就是毛泽东主席本人，凭借敏锐的时代感，他肯定会给卫星的名称和寓意赋予特别的

1　穆罕默德·哈赛宁·海卡尔（1923—2016）：埃及著名报人和时事评论员。曾于 1973 年访问中国。本文选自其著作《与太阳约会：话说亚洲》（开罗旭日出版社，2003 年版）。

意义；从造词的角度来说，这个代号也体现出他在写作乃至作指示时的特有风格。就此，毛主席曾说：要想说出的话能够启发群众、动员群众，就必须既要明确无误，又要给人留有发挥和想象的空间。

这种风格的一个例子是，毛主席和别人交谈时，最爱说的话是：

"让我们天南海北，无所不谈。"

假设毛主席自己选了"东方红"这个短语；

假设毛主席自己解释过"东方红"背后的奥秘，那么它或许象征着，红色中国的身影，就是整个东方的身影。

在去中国之前，我试着听了几个去过中国的人对中国的看法。

我注意到，这些看法相当不同，甚至相当矛盾。

例如，卫生部长穆罕默德·马哈福兹博士激动地告诉我：

"你会在那里看到崇尚美德的社会，没有人说假话，没有人偷东西，没有人等着天上掉馅饼。"

这种对中国及其发生的一切理想化的看法，颇为盛行。曾经发生过一件让我印象深刻的事：某天，我和《金字塔报》访华代表团中一个研究政治冲突的专家一起，去参观一所"五七干校"。我们走进一间教室，看到近百个学员坐在地上，老师坐在他们面前稍稍高出地面的台子上，和他们讨论恩格斯的著作《反杜林论》。我那位朋友忽然激动起来，一字一句地对我说：

"这简直是亚里士多德再世！"

不过，还有另一种对中国大相径庭乃至完全相反的看法。持这种看法的是一位阿拉伯政治家——他不是埃及人，他跟我说：

"你要去中国了？"

"那你会见到一个蚂蚁的社会！"

"估计你会下榻'人民饭店'，如果真是这样，我建议你找一天早点起床，看看窗外的大街，两侧的景象会让你终生难忘。"

"在街道的一侧，早晨骑着自行车上班的人形成接连不断的队伍，而在街道的另一侧，还有一支逆向的队伍。"

"你会看到，他们整个儿就像行进中的蚂蚁群。"

"北京没有别的，全是骑自行车的人组成的大军。"

"街上没有汽车，因为汽车是高官的专利，仅仅用于公务。"

"北京地下是有地铁，而且还很豪华精致，不过那是给以后预备的。"

"至于北京现在的主要交通工具，那就是自行车。北京不断涌动的自行车大军，肯定会让你想起一队队蚂蚁……"

另一位与我同行的朋友的评价，为这种不同与矛盾提供了活生生的例子。他是《金字塔报》政治与战略研究中心的国际关系专家，以前曾在中国长住过两年。他的评价是：

"没有谁能够中立地看待中国，中国就是这样，你要么对它极度喜爱，要么对它恨得要命！"

不过尽管如此，我得说，还是有人能够客观地看待中国经验，英国外交大臣亚历克·道格拉斯·休姆就是其中之一。我最近一次去伦敦时，曾读过他从中国回来后提交给内阁的一份报告，他写道：

"对整个世界而言，密切关注中国的经验将会变得非常重要，因为它在历史上独一无二。那里的人民想要完全靠自己实现发展和进步。他们甚至不打算从外国借款为项目融资。我问中国总理周恩来，为什么会这样？他回答说：'我们更喜欢自力更生，我们不想跟任何一个人借钱。我们可不愿意像其他人那样陷入借新债补旧债的境地！'"

十二天的访问过后，我登上从广东到香港的列车，准备离开中国。我看到好多记者在等待着我。

他们让我回答一个以前我问别人的问题：

"你觉得中国怎么样？"

我迅速地告诉他们：

"中国最吸引我的就是'冲动力'。"

这种冲动力是各种因素的集合体，谈起它的源头，那就说来话长。但谈到催生它的能量，想必有个公认的答案——八亿中国人民。

中国人民朝着同一个目标前进。

据我所见，没有谁能够阻拦他们，没有谁能够阻碍他们实现目标。

"'冲动力'，是中国最引人瞩目的地方。"

当被问及中国人的现状时，我笃定地回答：

"每人都吃得饱……也能穿得暖，穿得有尊严……每个人都不停地劳动……就连集体农场里的老人都会在晚上给孩子们讲述中国以前的饥馑、动荡、苦难和屈辱，让他们不忘过去，珍惜现在。"

离开中国之后，我时常问自己：

"在中国发生的事情近乎奇迹，这背后的奥秘是什么？"

我在这里使用"奇迹"这个词并非信口开河。我向来珍惜词语，从不随便乱用。这是再自然不过的事，因为词语就是作家的生命。

我选用"奇迹"这个词，是因为想到了我和那位著名的苏联领袖尼基塔·赫鲁晓夫在 1964 年的交谈。其间，中国是一个主要话题。当时赫鲁晓夫对我说：

"在与苏联交恶之后中国会怎么样，你以后会看到，我们以后都会看到。

"但我要毫不犹豫地告诉你，没了我们的帮助，他们肯定会倒退回饥荒年代。

"你读过美国作家赛珍珠在小说《大地》中对中国饥荒的描述吗？

"中国会回到那个年代，他们会长点教训。

"他们对我们施压，想跟我们要制造原子弹的机密，但我们绝对不会给他们。原子弹可不是儿戏，不是毛泽东说的'纸老虎'。

"他们什么都不明白，他们以后也明白不了！"

然而，今天的中国有了原子弹，也有了氢弹。我在中国时，一个近距离深入跟踪中国局势的欧洲大使告诉我：

"据我们掌握的情报，他们上周成功试射了一枚洲际导弹，射程达四千公里！"

不过，在我看来，原子弹和导弹证明不了奇迹。

另一个由数据构成的证明引发了我的注意力。

数据显示：

中国的生产规模与世界最大的生产国之一——日本的生产规模持平。

（这里要指出，发达程度的差距确实存在。中国用了八亿人达到的生产规模，日本用了一亿人就达到了。）

下面一组中国燃料消耗的数据则更加重要，这里的"燃料"指的是石油。

"为了达到其生产规模，日本每年要消耗两亿四千万吨石油，而中国每年消耗的石油数量仅为两千五百万吨。"

不可思议的是，中国消耗石油的数量（两千五百万吨）基本就是埃及消耗石油的数量。

这样，我们就得出了一个极其重要的悖论：

"中国用埃及的石油消耗量，实现了日本的生产规模。"

这正是奇迹的鲜活体现！

在我看来，奇迹不是什么玄学。奇迹，或者我们面前像是奇迹的事情，都一定有着科学的原因。

在我游历中国的整个过程中，我感受到中国奇迹背后的三点原因：

原因之一：每个人都在劳动。"日本的生产规模，埃及的石油消耗量"背后没有别的，有的只是人的劳动。

原因之二：在中国，没有任何东西像马哈茂德·法齐博士在他当埃及总理时曾形容过的那样，"被丢掉、被废弃、被遗失"。

我记得有一天晚上，《人民日报》（中国最大的报纸）主编吴冷西请我吃有名的"北京烤鸭"。

一只鸭被做成晚宴的七道菜。

第一道凉菜是五块鸭翅。

第二道是煎鸭肝。

第三道是芥末鸭掌。

第四道是切成小块的红烧鸭心。

第五道是鸭舌、鸭肠、鸭胗炒蔬菜。

第六道才是主菜：烤鸭。

最后是第七道：鸭架子汤。

我笑着对吴冷西说："接下来只剩鸭毛了，但愿不会给我们上鸭毛吧！"

他很认真地回答："鸭毛是要卖的，会有工厂来收购。"

原因之三：组织严密，这在中国的每一寸土地上都"触手可感"。

这一点值得展开来说。

"无论在当下还是未来，组织严密都是中国的一大特色，这其中有什么奥秘？"

从我离开中国至今，好多人追着问我这个问题。

我把自己的观点总结成以下几点：

一、组织的精神在中国历史上最早信仰的"儒家"思想中便已存在。孔子那本后来被崇为圣书的著作《春秋》[1]，就是一部伦理与行为规范的总集，为中国各级社会奠定了责任意识的坚实基础，以至于不少研究中国事务的学者认为，如同埃德加·斯诺在他的《大河彼岸》中所述，"儒家"为中国提供了历史上最强大、最持久、最稳定的管理工具。有助于此的是，中国社会属于河流社会，而这类社会总是需要一个强有力的中央政府。

二、中国文明在历史上从未中断、瓦解或被掺入杂质。

举例来说，古埃及文明在王国时期之后走向瓦解和灭亡，古希腊文明在罗马帝国灭亡与近代欧洲文艺复兴之间的这段时

1　原文如此，应为《论语》之误。

期也陷入沉眠，而中国文明却是唯一能够保持延续和繁荣的古代文明，尽管中间经历了一些衰落的时代。

对于一个民族而言，它的文明得到延续，它的成员就能保持团结。

或许正因如此，汉语始终联结着中华文明，一直是中华民族良知、意识和情感的容器。

三、中国人从古至今都认为中国是宇宙的中心。或许我们因为人在中东，就把中东看作世界的中央，而觉得中国位于遥远的边缘。看待世界地图的角度总是与自身所处的位置有关。

我们注意到，中国在汉语里的字面意思，就是"中央王国"，或是"中部王国"。

可以说，中国就是中国的人民，乃至海外的华人少数群体。即便远在美国，他们不会觉得是在海外客居他乡，而是认为正在海外完成使命。

四、历史上的中国在任何时期都没遭受过外部侵略[1]，也没有侵略过别的地方。中国打的所有战争都是防御性战争。

即便是在欧洲入侵远东的时代，以及恶名昭著的鸦片战争

1　原文如此，此说显然有误。

之后，中国都没有成为传统意义上的殖民地。欧洲入侵势力集中在中国沿海的边缘地带，而"中央王国"则完好无损。

五、儒家没有给中国留下玄学的神话，中国因此没有撕裂成各种宗派主义，没有深陷于各种黑暗的妖言邪说之中。

孔子曾在二千五百年前说过：

"敬鬼神而远之！"

然后我说：

"上述五点原因在中国早已有之，为秩序和组织能力做好了铺垫，如果遇上贤明的统治者，就能得以落实。"

在经历过饥荒年代、封建王朝倒台以及清末军阀的强权统治之后，在经历过鸦片战争的屈辱，以及辛亥革命在国民党领导的新兴阶级手上破灭之后，形势已经成熟，舞台已经搭好，只待毛泽东在1931年日本对中国发动侵略战争之后登场。

事实上，毛泽东登场时高举的是马克思列宁主义旗帜；不过，毛泽东虽然也遵行马克思和恩格斯、列宁以及斯大林的理论，但他更多的是对中国国情作出回应。不夸张地说，毛泽东为马克思列宁主义注入了适合中国国情的成分，并使其发生了某些改变。

也许，我该把这个话题留给那些热衷于意识形态论辩的人。

我只想说，毛泽东登上了中国社会的舞台，他已为革命做好准备，他对中国的文明和历史有高度认同，也具备了组织人民、组建政党的条件。

中国人的思想路线从上到下都是明确的。上到毛泽东和周恩来，下到一名集体农场里的劳动者、一名所谓的"赤脚医生"。"赤脚医生"并不意味着这些医生真的光着脚，这个形容来自毛泽东的创造。他发现，拥有亿万人口的中国农村最需要的，不是国家花几十年才能培养出来的专科医生，而是那些对各种常见病有所了解的人。"赤脚医生"指的就是那些经过三到六个月或一年的培训之后，奔走于田间地头——大部分情况下使用草药——给人治疗风寒、肠胃炎、感冒、头痛这类疾病的医生。

包括穆阿麦尔·卡扎菲在内的有些人还曾问我：

"中国领导人和民众保持思想一致的奥秘何在？"

我说，我认为有五点原因：

一、中国革命和建设总体上成功，民众普遍受益。

二、领导人以身作则，身先示范；这非常重要。如果人们知道，要求他们做事的人自己会率先垂范，他们就会接受要求。

要知道，毛泽东——当代中国的"神"——就住在故宫里一间清朝时仆人居住的小屋子里，总共只有三个房间：卧室、客厅和书房，家具也是十分简朴，身边只有一个为他整理房间和文件的秘书。仅此而已。

三、得益于以上两点，领导人和民众互相信任；中国的领导人不仅相信民众的忠诚，更相信他们的能力与智慧。此外，全部的问题都要经过党内的各级讨论，使决策在公布时体现广大群众的意见，至少不会让它像炸弹空投、地雷爆炸那样令人措手不及。

四、意识形态不会像扔石头那样直接丢给群众，而是化为人的各种日常行为，浅显易懂，深入人心。

在美国想要遏制中国、孤立中国的时候，毛泽东没有用那些"只有响声，不见回音"的大话给人们洗脑，而是作出了著名的"三项指示"：

——"深挖洞"（即为外来侵略做好准备）。

——"广积粮"（即为经济封锁做好准备）。

——"不称霸"（表明中国的政策是防御性的，而不是进攻性的）。

五、中国的顶层与基层之间的沟通渠道始终富有成效，沟通语言也生动活泼，这得益于长期的革命经验，使中国人所说的党、政、军"三位一体"在长期的艰苦斗争中得以形成（我会在下文中更详细地讨论这一点）。

有人问我：

"在中国，对毛泽东的神化是不是不正常的？"

我回答：

"我经常觉得对毛泽东的这种神化既不正常，也不合理，甚至有时与毛泽东本人的思想，即中国经验的指导思想背道而驰。"

但令人惊讶的是，在中国以外令人感到反常和奇怪的事情，在中国内部就显得平常且自然。

我能感觉到，中国人在给毛泽东赋予神的地位时并没有感到恐慌和畏惧，而是怀着一种出于爱戴与敬仰的激动情感。

我看到，整个中国都在按照从故宫围墙后那座小房子里传出的节奏前进，在那里，毛泽东生活、思考、作出指示。

整个中国和八亿中国人民都在踏着毛泽东制定的步伐前进，时而沉静，时而喧嚣——例如"文化大革命"时期。

他仿佛一位音乐家，不仅通晓音乐的艺术，还能将其用于政治。

一天，在给这个全世界人口最多的国家作出的著名指示中，他说：

　　"学会'弹钢琴'。弹钢琴要十个指头都动作，不能有的动，有的不动。但是，十个指头同时都按下去，那也不成调子。要产生好的音乐，十个指头的动作要有节奏，要互相配合。"

（孔令严、薛庆国　译）

致诗人毛泽东

〔伊拉克〕阿卜杜勒·瓦哈卜·白雅帖[1]

啊，长夜漫漫！

雄鸡的鸣唱，自我们大洲深处，

预示天下将白！

啊，长夜漫漫，

历来，死亡的山峦覆盖着浓雾、

白雪、死者和群狼

还有长城的城墙，

我们受伤诗人的双眼

1　阿卜杜勒·瓦哈卜·白雅帖（1926—1999）：伊拉克现代著名诗人。
本诗选自《白雅帖诗集》（贝鲁特回归出版社，1972 年版）。

停息在一行古诗上。

北京衣不蔽体的儿童，

终将在岩石上播种玫瑰

让黎明升起，自如磐的夜晚，

自暴君的神话里。

啊，长夜漫漫！

雄鸡的鸣唱，自我们大洲深处，

预示天下将白！

啊，长夜漫漫，

只需两个时辰

伟大的黎明即将升起，

从工厂，从田野，

从母亲的泪花

从革命者的火炬。

一唱雄鸡天下白，

孩子们放飞的一只白鸽，

飞跃被照亮的广场，飞跃港口和大海

那里，幸福的人们在等待

亚洲的一次重生！

（薛庆国　译）

《黄皮肤皇帝》序言

〔埃及〕阿卜杜勒·盖法尔·迈卡维 [1]

天才诗人、翻译家、"阿拉伯文学的迷恋者"弗里德里希·吕克特（1788—1866）曾经说过："光从东方升起，然后西方便转向它，犹如苍白的月亮转身面向太阳，只为借太阳的光芒照亮自身，并面对面地注视太阳。"一些西方文学家把注意力转向东方，是为了从它的精神源泉中汲取养分，投身于语言、诗歌、文明"初始之母"的怀抱，创造性地效仿它的内容和文艺风格。现在，是时候轮到东方人自己转向东方了，但愿他们能够了解

1　阿卜杜勒·盖法尔·迈卡维（1930—2012）：埃及著名作家、哲学家、翻译家，其1967年发表的根据德文转译的阿拉伯文版《道德经》，是《道德经》的首个阿拉伯文译本。本文节选自他为1989年出版的《黄皮肤皇帝》撰写的序言。

东方的宝藏，能够实现苏格拉底和德尔菲神庙那句箴言中难以企及的期望——"认识你自己"。在这方面，近东和远东的情况没什么不同。就近东而言，我们尚未接近它的文明核心，触及古埃及和两河流域的艺术、文学、思想遗产所揭示的真相；就远东而言，我们对它庞大遗产的关注局限于极少数不成熟的译作，更不用说，我们至今都没有像所有发达国家都在做的那样，对它的语言、文学和思想学派进行细致而科学的研究。

　　读者在本书中见到的剧本，不仅仅是我对自己挑选着读过，或作为东方哲学教师不得不去读的故事和文本的改写，也不是对来自一个神秘、遥远世界的诗歌与格言形式的模仿（例如吕克特、布莱廷等德国文学家的做法），而是凝结着我在东方海洋里遨游过程中亲自体验过、与之共处过的感受、思想、价值和态度。我给它们披上中国和巴比伦的外衣，以期有心的读者在阅读时不受心中汹涌的埃及与阿拉伯民族情感的影响。据我所知，《西东诗集》（1819）的作者歌德，是第一位严肃而又创造性地从东方宝藏中觅取灵感的文学家。他创作上述诗集的时候，适逢摆脱拿破仑暴政的德意志解放战争时期。而向着东方的精神智慧朝圣的阿拉伯作家们，也想把自己和他人从顽疾中解放出来；这些顽疾遮蔽了阿拉伯人的心灵，让它被唯我论、专制主义、机会主义和其他各种席卷个体和集体的"非价值"玷污，进而将它推向自我毁灭。因此，转向古代东方的智慧，并不意味着逃避当下灾难横行的困境，而是努力用精神食粮武装自己。有了精神食粮，再加上对自由的坚持和科学启蒙思想，就有可能终结困境。

这本书中第一部剧本《黄皮肤皇帝》，是我长期研究中国古代道家哲学的成果。道家哲学倡导回归自然，过简单、纯粹、宁静、满足的生活，远离任何有害于自然之道或与之不相适应的想法和行为。由此，人就与"道"融为一体，或者更确切地说，人就成为"道"本身，因为它既是道路，又是意义，是天地运行的真相、本源和力量，是不可描述、不可名状的永恒的"一"。道家常与老子（约公元前 570—约公元前 471）以及庄子（约公元前 369—公元前 286）这两位哲学家的姓名联系在一起，前者是道家的创始人，后者为道家抽象的思想注入生机，为其赋予了独创的诗意和梦幻的唯心主义。

学者们对"老子"这个词本身看法不一：它指代的到底是那个将教诲收集在由 81 则充满诗意的箴言组成的《道德经》一书、带有苏非主义色彩的伦理学派的名称？还是像它在汉语中的意思那样，指的是那位年迈的导师和哲学家？抑或是那个远离世人、致力于无我与谦卑、躲避名誉、将无欲无求作为唯一欲求的古代圣人？

关于这位中国智者本人的传说也有不同版本。有人认为他出生的时期介于公元前 13 世纪和公元前 6 世纪之间，其他人则强调他与中国最伟大的智者孔子（公元前 551—公元前 479）是同时代人，认为孔子年龄比他小，还在公元前 517 年左右去拜见过他。这位年迈的导师对孔子的自负、骄矜以及他有关社会伦理的众多教导和规范予以严厉批评，敦促他回归古代圣人之道。在这些传说中，有的说他活了一百岁，有的说他永不会死，甚至还有一位公元前 4 世纪的道家学者称，他已经在历史上现身了好几次，在一次从锡兰岛启程的西行期间转世成佛陀的模样[1]。不过最为可信的史料表明，老子出生于楚国的一个农庄，在中国历史上最为动荡、战争最多的那段时期为周朝王室担任藏书和档案的管理员。在给周王室服务了很长时间之后，他似乎确信周王室会走向衰亡，遂辞去工作，四处云游。他把不多的行李放在两头青牛拉着的牛车上，陪伴他的是一个小童，他旅途中忠实的跟随者。到了帝国边境的最后一道哨卡

1　西晋惠帝时，道士王浮编造了《老子化胡经》一书，留下了"老子化胡"的道教传说，即认为老子在天竺进入王妃净妙腹中，出生后自号释迦牟尼，建立了佛教。信奉此说者认为佛陀释迦牟尼不过是老子的一个化身。

前，边境官员认出了他，希望他能在自家简陋的茅屋中居住，留下他的智慧。老子答应了，于是写下了我们先前提到的那本五千多字的奇书。之后，他和小童回到牛车上，经过大山一路西行。此后他再也没有露面，也没人知道他死于何方，不过有人猜测他死于西藏。

《黄皮肤皇帝》取材于老子的生平和他那本著作里的名言和诗句，以及另一位道家智者庄子作品中的寓言和语录。在这部剧作中，老庄是次要角色，而主角——如果算主角的话——则是一名修习老庄之学的年轻隐士，唤作"明清吾"（音译）。这位斗士般的圣徒，或是圣徒般的斗士，胸中怀抱着让改革者们备受煎熬的志向，那就是改变世界。然而这个斗士还没来得及改变自己，就急着要去改变世界。他的师傅想让他不要鲁莽，可他不听劝，执意动身去对抗"黄皮肤皇帝"这一不公、压迫、强权的化身。面对恐怖，他没有放弃匡扶正义的梦想。他远走到一个被人忘却的边陲小村，建立起道家圣贤们设想中苏非主义式的"乌托邦"。那里有着理想中的民众，他们在仁爱、关怀、静谧和纯洁中生活着。可是，像这样的"乌托邦"能否抵御古代中国盛行的欺压、威吓和惩罚？在我们所处的复杂世界中，我们是否可以对这一问题作片刻的思考？还是说，它不过是智者和文人的胡言谵语，如今只能博得我们哀惜或同情的一笑？这些问题的答案并不重要，重要的是，乌托邦——即便是如此简陋的乌托邦——始终是我们不能轻易割舍的梦想。更重要的是，乌托邦表达出了不可让渡的永恒的必然，那就是挑战想粉碎所有人类梦想的强权。这不仅是为了自由、公正和创新的生活，更是单纯为了平等的生活。

众所周知，强权是我们阿拉伯国家的痼疾，在消灭它之前，任何事都没有希望。它扎根于我们的传统、生活制度、教育和行为，它给我留下的心灵创伤会伴我直到生命的尽头，与我共同进入坟茔。要不是篇幅所限，真该好好聊聊这个棘手的话题！

第二个剧本《儿童与蝴蝶》的灵感来自一则庄子的精巧寓言，这则寓言源于机智而令人困惑的悖论和极端的唯心主义，它甚至抹消了现实和幻想之间的屏障。或许这种过度的自我主义倾向——它总是对诗人、文学家和哲学家形成威胁，如果他们没有从活生生的现实出发，没有从艺术和思想的客观性出发——是庄子强调道家哲学消极方面的背后深层原因，特别是先前提到的"无为"。庄子把道家哲学描绘成不愿或不能起到任何社会或改革作用的哲学，这与道家哲学创始人（老子）的想法完全不同，老子在道家哲学中寄寓了不少按现在标准来看具有革命性的观点和态度。或许这是儒家学者反对庄子思想，指责庄子反文明、反传统、批判社会，却与鬼魂、暗影、北风和骷髅为伍的原因之一。

上文提及的寓言的内容不过寥寥几行，在寓言里，这位恍惚而莫测的智者说："一天夜里，我庄子梦见自己变成了一只飞来飞去的蝴蝶。我在各方面都与蝴蝶无二。我像蝴蝶那样追逐快乐，不觉得自己还是一个人。突然间，我从睡梦中惊醒，再次发觉自己躺在床上。现在我也弄不清，我究竟是一个梦到自己变成蝴蝶的人呢，还是一只梦到自己变成人的蝴蝶呢？——人与蝴蝶之间存在着障壁，跨越这层障壁，就是所谓的物化。"

除这则著名寓言之外，还有另一则主人公是智者"惠子"的虚构故事。在我的笔下，惠子在睡梦中发觉自己成了一条鱼。在写这部剧本的时候，我没料到它最后会变成波斯式的诙谐故事，或是某种自我批评！或许这里最值得关注的是"物化"。道家智者们强调朝着"真我"物化，与天地、永恒、万物合体，超越凡尘的限制。而与含辛茹苦养活自己和孩子的年轻母亲这样的穷苦人的苦难合体，将是对哲学家们梦想的某种修正！

……

最后，我还要为自己澄清一些嫌疑。近年来，那些"伪批评与伪批评家"的危害越来越大，损害了读者的判断力。第一个嫌疑：有某个人觉得前述的剧作不过是根据分散的阅读和文本捏造而成。我相信，有判断力、有感知力、有心的读者能够在阅读文本、感受文本的真诚之后，对这类看法作出自己的回应。我总是依赖他们，信任他们，依靠他们应对伪批评的假糊涂和真无知。毫无疑问，《黄皮肤皇帝》中的故事、立场、人物的原型的确不存在于我读过的文本，而是源于我对埃及和阿拉伯现状全心全意的关切。埃及和阿拉伯现状中的众多危机，已是无人不知。

第二个嫌疑：不论是出于好心还是恶意，有人说我的这些文字，尤其是《黄皮肤皇帝》，象征着怀古之情，或是作者本人"倒退回过去"的愿望。鉴于篇幅所限，也鉴于上述说法本身就自相矛盾，我权且引用中国历史上法家最伟大的哲学家韩非子（约公元前280—公元前233）的一则故事作为回应。韩非子认为，智者不应把精力花在模仿前人或走前人的路上，也不应致力于建立一个万世皆准的典范或标准；真正的智者生活在自己的时代，了解自己的时代，与自己时代的问题作斗争。有了韩非子的下面这则故事，我就不必再与我们民族中的那些倒退者辩论，也不必再重复我们民族中的那些启蒙者的话语，以及在这个需要我们朝着未来发展进步的时代，反对将历史与过去绝对化的人们的话语——

"宋国有个农民，在他耕种的田里有个树桩。某天，有只无辜的兔子在田间飞跑，撞到树桩，颈断而死。于是农民抛下他的犁，站在树桩附近，希望能够像先前那样再捡到一只死兔子。他再也没有捡到兔子，等来的只有宋人的讥讽和嘲笑。"对此，智者评论道："倘若有人想要用先王的政策统治今日的人民，那此举无异于守株待兔。"

最后，这些剧本终究只是我在前人努力和经验的基础上，所做的添砖加瓦的努力而已，谨以此献给永远忠实、永远真诚的有心读者。

1988 年 10 月于开罗

（孔令严、薛庆国　译）

《中国拾珍》：前言与"哲学篇"结论

〔伊拉克〕哈迪·阿莱维 [1]

一、前言

中国已经被西方人广泛关注：在各种欧洲语言中，中国文学的译本和关于中国的著作不断问世；从 19 世纪中叶起，出现了各种研究中国事务的专业期刊。西方读者对中国的内容格外追捧，对出版商和译者而言，这着实为他们的文化产品打开了销路。然而，这其中总是存在西方中心主义心态，西方读者或游客总是以猎奇者的眼光看待中国，中国文明及其丰富的遗产没能对西方人的意识产生什么影响，没有改变

1　哈迪·阿莱维（1932—1998）：伊拉克著名学者、思想家。曾于20世纪七八十年代和90年代两度来华工作。本文选自其著作《中国拾珍》（叙利亚境界出版社，1994 年版）。

700 多年来资本主义按照其原则和社会价值观塑造的历史。

在这个时代以前，欧洲人从一个人那里知道了中国，他就是马可·波罗。他于 13 世纪的后 30 余年里游历中国，他对中国的介绍，仅限于他所经历过的蒙古人统治下中国的政治情况，以及部分大城市的描述。

在伊斯兰黄金时代，中国是贸易往来的对象。那时，中国和伊斯兰帝国两大世界之间，贸易往来频繁不断，奠定了和平构建世界贸易的基础。通过延续了 600 多年之久的贸易往来，穆斯林了解到中国的工艺，但并没有像钻研古希腊人的哲学和萨珊人的政治制度一样，深入了解中国的哲学和政治制度。一些阿拉伯、土耳其和波斯的穆斯林融入了中国社会，他们在阿拔斯王朝之初穆斯林涌进中国的早期就到中国做官。在做官之前，他们先参加科举考试，不少人在考试成功之后便得到任用。这些考试最重要的内容就是儒家学说。但是，我难以解释的一个奇怪现象是：伊斯兰遗产一直在谈论希腊的哲学、印度的智慧、中国的工艺和波斯的政治……但是，穆斯林知识分子却没人想去了解一下中国的艺术和工艺背后的理性知识。

无论如何，穆斯林比以前更加了解中国文明了。而伊本·白图泰对中国的介绍也要胜过马可·波罗，正如克拉奇可夫斯基在其著作《阿拉伯地理文学史——伊本·白图泰章》中所述，马可·波罗来自一个相对落后的环境，不具备必要的知识背景，因而无法像伊本·白图泰那样把握中国文明的基本特征。

伊本·白图泰是最后一位游历中国的穆斯林，在他游历中国时，伊斯兰文明已日渐式微。

当我在我的朋友杰拉勒·哈奈菲的支持下准备动身前往中国时，我没有想过去实地纪念伊本·白图泰。我离开祖国只是为了逃离压迫，去往一个安全的国家。在中国稳定下来后，我渐渐了解了一个未知文明的概貌。中国文明对我而言，正如它对伊本·白图泰的后辈们而言，都是一个未知。背离了伊本·白图泰传统的后代阿拉伯人把精力耗在了解欧洲邻居上，他们惊讶于欧洲文明，却自我迷失。我对中国的探索小心翼翼，顾虑重重，这是因为，当时的中国还没有向外国人敞开大门，固有的成见，加上源自苏联政治的意识形态僵化，遮蔽了一个真实的中国。我必须工作谋生，只能在零碎时间与中国文明相约。或许我是羡慕伊本·白图泰的，他作为印度国王的使者来拜谒中国国王，而我却从阿拉伯统治者那里逃到中国，我持有的护照来自不为持有者提供外交保护的国家。不论怎样，感谢真主，我毕竟不用像伊本·哈巴尔在黑人进城、把商人驱逐出城时仓皇逃出巴士拉那样狼狈。

第一个为我的零碎时间赋予意义的人，是国际主义战士伊斯雷尔·爱泼斯坦。他两岁就来到中国，一直在中国住到 76 岁。是他引导我了解中国哲学，让我接触相关英文材料。在阅读过后，我对中国各哲学流派的大致轮廓有了足够认识，便开始深入中国人的事务，打破禁忌，近距离了解他们。提笔写下这些文字之前，我已经在他们中间生活了六年。我在本书中呈现了我对中国古代遗产的初步认知。在将本书定名为《中国拾珍》时，我仿照了拙作《旧珍新拾》的标题，后者基于同样的考虑，呈现了我对我们阿拉伯人过去的认识——阿拉伯人的过去很伟大，现在则很平庸。尽管如此，两部作品都着眼于现在。在《旧珍新拾》中，我追随我的第一导师侯赛因·麦尔瓦，力图探求我们民族的复兴之道，我们的民族忽视了自身的文明遗产，而如果它没有与其割裂，本可以避免当代的各种耻辱。

通过《中国拾珍》这部书，我希望阿拉伯人获得的对东方文化的知识，能相当于他们对西方文化的了解；还希望他们能重新认识自己，不仅通过他们自己的遗产，而且通过与他们同出一脉的东方传统来认识自己。写作本书并非为了讨好中国，尽管中国在我遭遇不幸时赐予我安宁的生活。本书针对的读者是阿拉伯人，他们痴迷于西方，已经丢失了人性的根基，尤其需要找到智慧的源泉。在这个凶险的世界上，他们最需要从智慧源泉中汲取营养，安放自己混乱的内心。

本书哲学部分所占篇幅最大，因为我在其中发现了西方有些开明之士希望找到却又难觅的东方智慧。我们阿拉伯读者可以从中得到仁爱和慈悯，并且在饱受统治者的压迫和列强的霸权之后，找到捍卫自己、抵抗权贵的武器。中国智慧和伊斯兰教中积极的苏非主义一起，构成了人类觉悟互为补充的两个宝库，为劳苦者提供慰藉，同时又陶冶了自由的人格，赋予人蔑视权贵专制的力量。中国智慧和苏非主义都寄寓着人类自古以来的梦想——让人从屈辱和贫困中解脱，从劳累和辛苦的厄运中解脱；而这一切，只有将帝王宫殿里的满堂金玉平分给寻常百姓才可能实现。

除"哲学篇"以外，《中国拾珍》还包括其他三篇。一篇关于中国的历史、社会生活、语言、宗教和重要的工业技术成就，一篇关于中国文学，还有一篇关于中国与伊斯兰两个文明之间的交流史。

二、"哲学篇"结论

中国人在探讨宇宙、自然、个人等方面时殚精竭虑，创造出宏大的哲学遗产。其中包括的各种派别，我已在前文中简要陈述。正如读者所见，中国的哲学家们对宇宙规律、自然现象、政治、伦理、社会组织等议题进行了深入探究。他们拥有独到的认识论，我们可以从墨家和名家那里有所领会。他们对宇宙的产生、物质的变化、生命的演化、存在的本源、万物之间的关系等都提出了自己的设想。他们表达了反对妄想与迷信的开明思想，致力于使正义成为人类存在之本，让民众明确他们的自然权利，向治理国家的君主阐明他们对百姓负有的义务。他们的方法论是直觉与辩证逻辑的混合体。就一般的逻辑问题而言，他们倾向于使用归纳法确定本质，而非使用论证的方法；这体现在他们选择用名称而不是界定来下定义。他们主要的不足，是没能将逻辑学发展到希腊哲学经亚里士多德之手达到的水平。中国理性主义的水平相当于亚里士多德之前的希腊哲学（从泰勒斯到柏拉图），中国的哲学语言亦如是，不过这没有影响各学派在充分进行探究和推理时具备的广度和深度。

辩证逻辑是中国哲学的最大成就之一。是道家，首先超越了事物间形式上的联系——正如亚里士多德的逻辑所描述的那种联系，认识到事物之间一方面相互交错、彼此互动，一方面又相互对立。在道家思想中，任何事物都不能离开其他事物而存在，任何存在着的事物都有其对立面，这是事物与众不同的基础和得以存在的奥秘。一切存在的事物都是其对立面存在的结果，唯有事物的对立面保持存在，事物才能保持存在。道家逻辑不承认亚里士多德的无矛盾律，即便是在需要无矛盾律对事物进行必要区分的情况下。如果说，在亚里士多德那里，白是黑的对立，那么在道家那里，二者则是同一体。对立面相互转化的规律是道家逻辑的一个根本，死源于生，生源于死，一方的存在并不会根据亚里士多德的无矛盾律消灭另一方的存在，而是会唤起另一方的存在。同样，道家的学说中也没有排中律。在道家看来，山并不是非静即动，动和静是两个相对的状态，没有绝对的动，也没有绝对的静。正如后世的萨德尔丁·设拉子[1]所言，自然是流动的原质。道家和设拉子都意识到掌握辩证法的困难。设拉子曾说过，理解辩证法需要强大的洞察力，凭借其灵光可发觉消逝者乃是永恒者。道家则表示，对真理的觉察超越了人们对待事物惯常的方式，人类在变化中迷茫了

1　萨德尔丁·设拉子（1572—1640），出生于波斯名城设拉子的中世纪什叶派哲学家、苏非大师。

太久，因而难以把握其背后的真相。这体现了研究对立与交错之间相互关系的困难。这种困难一直伴随着不断演进的辩证逻辑，或许辩证逻辑中并没有让自己显得比亚氏逻辑更为简单的技巧。

习惯道家逻辑的人很容易就能转向黑格尔和马克思的逻辑学，但对于从亚氏逻辑直接转向两者的人而言，情况就有所不同。我们能够用这个标准解释以下事实：中国的共产主义者，特别是"文化大革命"之前的毛泽东，都熟谙在他们不同阶段的政治活动中与矛盾有关的问题，他们在妥善处理这些矛盾时也表现出超过苏联人的水平，后者常常在这一领域显得左支右绌。中国共产党的领导人们对中国传统哲学经典的吸收是出了名的。毛泽东的成功，以及他的领导才能，在很大程度上归功于他承自道家的智慧。这种智慧早在他于一本著作里对中国社会阶级作出的重要而卓越的分析中便已显现出来。这本著作后来成为他在解放战争中制定战略的依据。

中国哲学的另一大成就是政治哲学，包括两个分支。其中一支关于国家和社会组织，儒家、法家是其代表。另一支关于社会公平和民主，道家和墨家是这方面的专家，此外还有一些来自其他哲学派别的人物。在这里，我们谈到了中国哲学遗产中的社群主义政治哲学，它体现在公平分配财产、在国家与百姓之间和在社会成员内部构建民主关系的特定原则之中。就第一个分支而言，中国人与古希腊人、罗马人以及之后的穆斯林达到了同等水平。就第二个分支而言，如果我们抛开实行少数自由民的民主的希腊城邦不谈，很难在希腊和罗马找到相近的例子。当我们在欧洲未能找到社群主义意识的相似物时（欧洲并未向亚洲那样实践这种意识），奉行玛兹达克教的萨珊波斯人、相信耶稣预言的希伯来人，以及后来的西亚人则与中国人有所类似。

中国的政治哲学立足于人对自然的优先地位。该原则体现为：在中国，社会伦理学位于自然哲学之上；自然哲学家也大多倾向于把自己推论的阐释用于服务人的优先地位。在这方面，中国人与伊斯兰苏非主义者有相同之处，他们都有社群主义、民主，以及反对国家、宗教、金钱霸权等倾向。研究者能够在亚洲的东西两端发现一种人文主义形而上学的发展，随着它的建立，涌现出一个又一个中国哲学家和伊斯兰苏非主义大师，他们沿着相仿的路径前进，推动亚洲沿着相仿的步调发展，纵使他们从未相遇。

中国在自然哲学领域相对较弱。作为补偿，中国文明的科技活动比世界其他古代文明都要突出。得益于此，著名的造纸术、印刷术、指南针、火药四大发明在中国出现；农业技术随着犁田、播种、耕地工具的发明得到发展；中国的手工业和采矿业与西亚和欧洲各国相比更为发达，使中国在世界贸易兴起之初就成为矿石和手工艺品的出口国。中国人的工艺经验为历朝历代的穆斯林所知。当穆斯林学者给各个民族的特长分类时，他们指出，中国长于技术，印度长于智慧，这体现出穆斯林对中国工艺的了解，以及他们对中国哲学的无知。在科技方面，中国对发轫于印刷术、火药、指南针和造纸术的现代文明的贡献是确定的。这些基础发明不是欧洲资本主义从古希腊文明和罗马文明诞生的大陆继承的；这两个文明的工艺技术没有达到中国的水平。不过，中国自己也没有用好这些传到欧洲的工艺，没能借着资本主义萌芽的机会利用它们引发社会状况的根本性发展。

最后，我们需要强调中国哲学在人类思想史上自成一派的特征。中国哲学形成于公元前 1 世纪上半叶，起源于民俗传说中的智力经验积累和早期的国家演变经验。到公元 13 世纪结束为止，中国哲学作为一种原创的哲学流派沿着相同的路径不断发展。之后直到 20 世纪初期，中国哲学更像是一种注释家的活动。中国、西亚与欧洲之间丝绸之路的开辟未对上述进程造成什么改变。这是因为，中国哲学和希腊哲学始终没有什么接触，丝绸之路承载的也不过是与欧洲有限的贸易；在伊斯兰教兴起、伊斯兰帝国出现之后，中国成了伊斯兰文明的邻居，在北部与西部与伊斯兰帝国有着共同的漫长边界。大规模的政治与经济往来渐渐发展起来，双方从彼此那里学到了许多知识和技艺，但哲学除外。中国哲学家在伊斯兰帝国籍籍无名，伊斯兰哲学家在中国也无人知晓。同样地，中国哲学中没有什么传到了印度，印度哲学中也没有什么传到了中国。中国哲学对印度的唯一借鉴是披着宗教外衣的佛学思想，它在中国哲学家那里的地位也低于儒家和道家。直到近代，中国的注释家们还在继续对浩如烟海的哲学遗产做着注释，对跟随鸦片和西方军队来到中国的现代哲学置若罔闻。在拥有现代思想的新一代知识分子出现以后，情况有了改观。变化始于冯友兰，他起初致力于建立一个包含中国哲学和现代哲学的混合学派，但是没能成功。于是，他转而去修撰中国哲学史。对来自中国和外国的中国哲学研习者而言，冯友兰的中国哲学史成为最重要的参考资料。冯友兰之所以没能作为哲学家取得成功，是因为中国哲学很早之前就成了遗产。因此，他应该把精力放在建立一个源于现代思想的哲学派别，让哲学遗产成为它的有机组成部分，而不是它的对立面。这正是近年来中国的马克思主义者在做的事。他们成功创建了中国的马克思主义，其主体源于马克思和他的西方弟子，其活力则来源于本国的哲学遗产。

1992 年于北京

（孔令严、薛庆国　译）

是自然造化，抑或丹青刺绣？

〔巴勒斯坦〕侯萨姆·哈提卜[1]

我一向以为，大自然之美总体上可分为两类：一种是妩媚的，娇慵的，晶莹的，宁静的，让人一下子为之陶醉的美；一种是辉煌的，饱和的，炫目的，劈面而来夺人心魄令人几乎窒息的美。

我读过英国诗人雪莱和济慈对大自然所作的绝妙的描述，这印证了我对自然之美的划分。

在我欣赏到中国独特的自然风光的图片和绘画时，我又常想，自然界还有第三种美。我期待着这一刻：去目睹那真实的

1　侯萨姆·哈提卜（1932—　）：巴勒斯坦作家、评论家。曾于1984年访华。本文曾收入李琛编：《阿拉伯经典散文选》（华文出版社，2017年版）。

风景，而不是图片——这模仿的产物。

终于，在四月的一个春日里，一个被亿万支光之烛照亮的日子里，我出现在那山峦、沟壑、花朵、树木、色彩、造型、斑纹的面前。这缤纷交错的一幅幅画面，向文学家、艺术家、鉴赏家，向恋爱的少女、过往的路人发出了最大的挑战，不仅针对他们叙述、描绘、以任何一种形式将它留存在记忆中的能力，更首先针对他们的触觉、知觉、品位与感应。

这风景摄人心魄，是的；美不胜收，是的；赏心悦目，是的；感人肺腑，是的；可是，除此以外呢？

在北京的一个叫做香山的郊区，静卧着一片乐园，虽不是人间或天上的仙境，我却有幸在她的身旁度过了七个昼夜。目之所及，无不令人惊奇、诧异。在一座大山的怀抱里，雄踞着连绵的峰峦、高坡。举目远望，更增添了我的惊异。首先映入眼帘的，是绵延于山脊的茂盛的树林，不同的树木为景致之间勾画了界限。这些树木得天独厚，生长在俯瞰两侧的山头，可以尽享周围的风光：千百种色彩组合在一起，斑斓缤纷，令人目不暇接；千百种树木散发着芬芳，那麝香一般、琥珀一般、茉莉一般的芳香，还有无数有名称或无名称的芳香，总要令我心生妒羡。它凌驾于地平线之上，覆盖了山界与关隘，它是大

地伸向天际的手掌，是有限传达给无限、受着拘牵的传达给无
拘无束者的音讯。

在这无边无际的林木下方，更有无数种的树木、灌木、花草、
枝叶、石卵、山岩……一切都奇妙地交错在一起，在殊异中显
示和谐，呈现出令人惊叹的多样化。更为奇异的是，这一切都
仿佛用神话般的巧手编成的中国地毯：每一条丝线的挑选，每
一细针的缝合，每一种色彩的搭配，都是那么独具匠心。在这
缤纷如茵的背景中，还簇生着许多野杏树，仿佛翻卷起一道道
茫无涯际的白浪，向着远方推进，在白昼的每一时刻，都为这
整体的景致涂上一种特殊色彩，增添一种不同风格，这景致也
因而分外绮丽……每当你凝眸远望，一睹这流光溢彩的装饰与
点缀，这错落交织的色彩与形状，这洒脱疏放的构图与造型，
你会发现这并不只是天然偶成，而是妙手织绘而就，犹如织毯、
绘画，或如中国式丝袍上的刺绣那么精妙。

有一回，我的一位画家朋友告诉我，他花了七年工夫想学
习中国画的技巧，但未获成功。

现在我要告诉他：中国画、中国刺绣及中国书法的奥秘，
乃是蕴于中国的自然之中，蕴于大自然第三种美之中，这种美，
人或可以感知，却终不能加以形容。

（薛庆国　译）

中国印象（节选）

〔巴勒斯坦〕格桑·卡纳法尼[1]

（1）

穿过风的障壁，我们即将进入那个最为丰富、最为庞大、最不可思议的世界。

那也是最为古老的世界。那里，阵阵脚步声从人类记忆中历史的最远端传出，其回声曾经回荡在亚洲大陆的西半部。

1　格桑·卡纳法尼（1936—1972）：巴勒斯坦著名小说家、剧作家、记者，被公认为巴勒斯坦抵抗文学的旗手。1965 年，他曾应邀来华出席新中国成立 16 周年庆典，并顺访印度。归国后，他发表长文《亚洲旭日升》，记述此次中国、印度之行。本文节译自《卡纳法尼作品集·第 5 卷》（塞浦路斯沙地出版社，2015 年版），题目为编译者所加，并保留原文中每节的号码。

每过一小时，中国和印度就为世界人口增添 2500 人，昼夜不歇。

如今，人类每五个人中就有不止一个中国人，以及一个印度人。

这片土地于当代人的记忆中存在了 16 年，于历史的记忆中存在了 5000 年。在石头做的汤勺都被视作一大发明的年代，世界从那片土地引进了火药与纸张的制作法；还是在那片土地上，佛陀自云朵中降临，孔子自人群中走来。

火药、纸张、先知和哲人，共同充实了这段 5000 年的旅途。

而矗立在他们面前的，是风的障壁。

（3）

在北京机场，我们受到许多人的迎接。担任翻译的是一位毕业于外语学院的小伙子。罗伯特小姐的伞还在我这儿，但我觉得，我要是撑着女士的雨伞进入北京，多少会有些滑稽。于是我把它转交给别人。那人承诺，会将伞物归原主。

我们在机场等候厅内喝过茶，坐上一辆波兰产轿车，在两旁栽满杨树的道路上行驶 30 公里后来到了市区。经过此番长途跋涉，真得好好休息。抵达北京的首晚，酒店的床成了我最爱的地方。

次日早晨，酒店大堂满是各种语言和各色服饰。从中亚腹地到也门，从拉丁美洲到东南亚各国再到非洲，从东欧到苏联再到西班牙和葡萄牙：2000 多名客人，加上他们身边的 4000 多名翻译和陪同人员，囊括了至少 81 个国家。

整个上午，我透过波兰产轿车的窗户，初次领略北京的风采。天安门广场如此宽广，仿佛一望无际。看来大国人民偏爱的艺术风格，是大气磅礴。偌大的广场沐浴在赤红色中，从哪一个角度，都能看到高高挂着的马克思、恩格斯、列宁、斯大林与毛泽东的巨幅画像，色彩明丽，面容一如既往的庄严。沿途经过不计其数的展览馆、博物馆和剧院，但最引人注目的，当属军事博物馆门口四架美国 U-2 侦察机的残骸，一位中国士兵的洁白塑像将它们踩在脚下。

接下来映入眼帘的是古代中国：皇帝的宫殿，飞檐翘角的楼阁宛如舞女抬起的手臂。数十座楼阁或位于山丘之上，或位于水泊中间，四周围有高墙，饰以耀眼的金色缀饰与猛兽的图画。画中的猛兽张开大口，严阵以待，在漫长的时光中保卫着皇帝的安全。

但如今，极尽精美的装饰已不再象征皇帝的神圣，而变成这个民族坚韧与毅力的象征。正是人民，最终让皇帝走进了博物馆的橱窗。

踏着昔日辉煌的脚步，有着400万人口的辽阔北京出现在面前。干净整洁，秩序井然，但贫穷的迹象也显而易见。贫穷，是这片隐秘的亚洲大地长期以来的底色；有目共睹的是，这块大地已跃跃欲试，做好了腾飞的准备。

出售各种商品的大型商场很不常见，同样不常见的还有汽车——尽管如此，产自波兰、俄罗斯，乃至英国和德国的汽车均已备好，听候来宾的调遣，还能见到中国自己生产的汽车。

傍晚，我出席了在世界上最大的大厅里举办的晚宴。官方致辞之后，5000人共同在耀眼的灯光下用餐，服务周到之至，任谁都无可挑剔。

中国人看来偏爱炒菜，面包吃得不多。晚餐开始时，先上各种冷盘肉菜和鱼，菜量和阿拉伯前菜拼盘差不多。接着是热菜，然后是用精美小碗盛的米饭，最后是汤、甜点和水果。

客人们还得喝点儿火辣的米酿烈酒。饭桌上，时常有人在你面前举杯祝酒，整桌的人随之共饮干杯："是男人，就干了！"

从一座公园山顶的亭阁上，我看到了故宫的全貌。高耸的城墙环绕着几百座紧挨着的建筑。15 世纪的皇帝们建造了这些宫殿。现如今，故宫已成为博物院，护城河河岸垂柳荫荫，河面不时驶过载着游客的有篷游船。

次日便是"十一"庆典。从清晨起，耳畔就传来喧闹的歌声与音乐声。我们乘汽车来到广场，在那里，我们观看了一场难以用语言形容的令人震撼的盛典：50 万人在一圈中国色彩的包围中列队行进，那是无穷无尽的人潮，是深不可测的海洋，遮住了巨大广场的天际。远处，是人流和雾霭在涌动。旗帜和横幅上写着奇特的文字，不知哪个字是开头，哪个字是结尾。

语言难以描述这场盛典，而同样难以言述的还有中国人民的集体主义本能。我们所熟知、所习惯的个人主义的各种特征，近乎全然消解于整体之中，或许这是人口众多的缘故，也或许是某种教育的结果。但在此时此地，似乎唯有这种集体主义，才能让 7 亿人像现在这样凝聚起来迈向未来。

同样难忘的还有各方来宾的千姿百态。从南亚纱丽到高加索的皮帽，从墨西哥牛仔帽到艳丽的非洲衣饰，以及各种各样你只在图画中见过或者从未见过的服饰，都在眼前出现。

车队返回酒店时，许许多多的孩子朝我们挥手示意。街边房舍林立，孩子们的脸上挂着亚洲人祖祖辈辈的微笑，笑容中带着信念，相信明天太阳会照常升起。

当天晚上，我们观看了烟花表演。世界上最先发明火药的人民将焰火编好顺序依次燃放，在北京的夜空中雕刻出无数美妙的华灯。天安门广场上，几十万人欢呼着、舞动着、歌唱着。倘若你能登临俯瞰广场的高大城楼，望着数目比科威特人口多一倍的人群，你一定不会相信：你目睹的人们是在欢度国庆节！

后来，人们把我们带到能俯瞰广场的一座高楼，在楼顶欣赏中国舞蹈。舞姿曼妙，仿佛舞女只消探出玉指，便展露出女性全部的魅力。

（7）

在故宫里面，在宫殿和皇帝的书房内，能够看到别样的世界奇观：不仅仅是豪华，更是美而雅致的豪华，令人啧啧称奇。

这座已经变为博物院的宫殿有着数不胜数的房舍，屋顶盖着琉璃瓦，工匠为其不辞辛劳地一寸一寸雕了图案、涂了颜色。数不胜数的庭院，有的铺着大理石，有的铺着黑色的山石。还有许多花园，里面栽种的树不在开花，却散发出醉人的芬芳。

还有香炉、烛台、钟表、鎏金狮子，以及沉甸甸的乌龟：乌龟象征着长寿，皇帝因而选它作为皇家标志；或许让它获选皇家标志的还有另一重原因，那就是它的慵懒！

层层叠叠的琉璃瓦，雕琢精细的屋檐，呈半圆形的圆拱石桥，随处可见的形状奇异而可畏的龙，像是刚刚漆好的炽烈而鲜艳的色彩，还有金丝绣成的沉甸甸的服饰……这一切所代表的时代已然消逝，却作为遗产和教训存留于故宫的每个角落。曾经，这里是所谓的“禁地”，如今却成了每天都要迎来几千人的舞台。

看过陈列于故宫展厅内的历代皇帝珍宝，你才知道何为真正的“珍宝”，才知道鞭策骑兵们向着北京城驱驰的真正动力——相传，骑兵们曾离中国的珍宝仅有咫尺之遥。

不过，在创造奇迹的天才巧手面前，黄金与宝石显得一文不值。珍宝置于玻璃罩里，向你发出源自 500 年历史深处的嘶吼，挑衅着你，逼你承认它的魅力，并让你找到中国人在你耳边不断重复的那句话的渊源：什么东西都不如人本身有价值、有能耐，最终的胜利只属于人。

故宫墙外，是北京更大的公园。园内的人工湖赫然入目，游人的小船划破平静的水面。瓷缸里的鱼种类各异，人们争相购买鱼苗回家喂养。更醒目的是随处可见的人工搭建的"花山"，以及比鲜花更美、矗立在各处大水池里的"花石"——它们是大自然雕琢成的岩石，是"风"这位首席艺术家的杰作。

基本上所有东西面前都有中国人在拍照。他们衣着朴素：白衬衫，蓝裤子，也有人会穿蓝色外套；仿佛他们在用难以磨灭的集体记忆，对繁复而沉重的皇家服饰象征的久远时代作出回应。

在故宫中央距龙椅只有几步之遥，摆放着神形可怖的皇帝图腾和他们令人称奇的饰物。皇帝已逝，但这些东西却存留下来。这大抵是因为，它们是集体才华的合法结晶，是对艺术家创作遗产的自然追忆。艺术家尽管被皇帝雇用，但他们毕竟是这个民族的骄子。

颐和园始建于 1153 年 [1]，是元、明、清三朝皇帝的御花园。若为世上所有语言的字典中"美"这个词条配图，颐和园一定是最佳选择——只有颐和园才能体现出美的全部意义。如今，它已成为北京最重要的旅游胜地之一。

简言之，颐和园是华彩之地、典雅之地、绮丽之地，引诱

1　金朝贞元元年（1153 年）金主完颜亮在今颐和园一带设置金山行宫。1750 年，清帝乾隆开始建造颐和园，于 1764 年初步建成。

着一代又一代侵略者驾驭铁骑而来。颐和园与京郊的居民区仅有咫尺之距，后者黯淡无光，灰色、低矮的小房子宛如石头搭起的帐篷。革命以来的 16 年尚未能把两者拉到同一水平线上，但革命已让华彩与奢靡之地走进博物馆，让它再度成为动力——这次，它鞭策的是伟大人民的雄心。

倘若我是中国人，我会惊叹于皇帝为自己所做的一切，更会惊叹于人民为皇帝创造的一切！

（11）

我们搭乘俄产伊尔 -14 双发客机，开始了前往上海的五小时航程。

我们从书中了解到，这座位于东亚东部的城市，是英、法、日、美等国冒险者的乐园。因为害怕相互间产生利益冲突，他们在某一日瓜分了上海，把它变成了城市之内的"各国租界"。

对于上海我们还了解什么？野蛮的战场，火灾，四处穿梭、成群结队的劫匪与破坏者，路障，窃贼与妓女的世界，英国使馆，美国教会学校……

然而上海还有另一面。20 世纪 20 年代初，在上海召开了中国共产党第一次全国代表大会，宣布了中国共产党的成立。

上海啊，时光究竟对你做了些什么？

沿途上空，除了有半个小时经过的地方是荒山野岭，其余经过的辽阔土地——特别是南京和上海之间的地带——都是无边无际的农田。从空中看，稻田仿佛一块块四方的岛屿，被粼粼的水渠簇拥着。此番景象，是对这座特大城市的第一个宣示，近千万居民每天的粮食就产自这广袤的田野。

从机场到高耸的和平饭店，一路上，同北京截然不同的庞大世界徐徐呈现。尽管上海在地理上距西方更远，却比北京更接近西方。看起来，西方侵略者入侵中国时走的是后门。他们避开了数不胜数的路障，这些路障铺满了从沿海到宏伟长城之间的广袤大地。和北京相反，上海没有明显的中国风格，取而代之的是哥特建筑、教堂风大楼、英式拱门以及对延展情有独钟的印度风情。上海的主路没有北京的那么宽。北京的情形和莫斯科相仿，主路的修建还要为想象中日后的群众集会、大游行和狂欢服务。上海的高楼比北京的更精致，其街道的拥挤程度也在北京很少见，鳞次栉比的商店里各色商品可谓丰富，街上几乎看不到北京式的灰色平房。

上海正是西方人所说的那种"繁忙之城"。让这座城市更添喧嚣和活力的，是黄浦江中无数巨大的轮船，黄浦江穿越上海，与大海汇流，轮船发出的嘶哑而悠长的汽笛声，仿佛是在模仿我们昨晚在舞台上看到的一个男主角。

上海给人的最初印象是，它比北京更加繁华。如果用经济标准作为定都的依据，那么它才是真正的首都。而北京——至少就中心城区而言——像个大宫殿，犹如恺撒大帝的气派宫廷，肃穆又宁静。也许，中国革命胜利之后，选择北京而不是南京、上海作为首都，象征着中国再次苏醒与腾飞；因为北京是明朝的帝都，而明朝是中国历史上最繁荣稳定的朝代（至少许多西方人这样认为）。

不过，真正的上海和其他大城市一样，在高楼、钢铁和轮船的轰鸣背后无声地蛰伏。我有机会看到城市的真实一面：一座贫困、拥挤的东方城市，被尚未消除的艰辛压弯了腰。洗过的衣物在破损的木门上方随风飘动，孩子们在褪色的砖墙前玩耍。透过那些敞开的门，能看到和全世界穷人家别无二致的景象。即便是在车里，也能看到门内拥挤的空间，各种锅具和低矮的木床堆放在一起，人也挤在这一片狼藉之中。

对这一切的解释将在 15 分钟之后出现。我正在上海友谊商场逛街时，罗伯特小姐突然出现在我面前，建议我去参观常年举办的工业展。

展览中，人们看到更多的是未来的上海。仅仅数年之间，上海已从窃贼、冒险家和妓女的世界摇身一变，成了名副其实的工业之都，打下了雄厚的工业基础。

绝大部分的机器都是用来制造基本生产工具的，专门用来制造大小齿轮的机器被摆在展览厅的起点。有人曾经说，上海只能成为种植水稻的农场；而今，工业展览馆的尖顶，已成为黄浦江畔最高的建筑，在夜空中熠熠生辉。或许，在军事基地之间穿梭飞行的美国飞行员在看到大厦顶端闪耀的红星时，能接受到多重含义的信息。

和平饭店房间的窗台下，红黄闪烁的霓虹长河顺着南京路，流向无尽的远方。在北京无从看到这样的景象，也不可能住进这样风格的房间里。和平饭店高 11 层，是一个英国的土地交易大亨来上海时所建。他按照 19 世纪末英国乡村领主卧室的典型风格，设计了酒店的宽敞房间。我所住的也许正是萧伯纳曾下榻的房间，在这里，他接待了伟大的中国作家鲁迅。鲁迅来的时候，看电梯的服务生看他穿着传统的中式服装，居然不让他乘电梯！

于是鲁迅就走了楼梯。讲到这儿，戴着眼镜的罗伯特小姐睁开碧眼。气喘吁吁地到达萧伯纳的房间之后，鲁迅没给这位讽刺大师讲述刚才发生的事，这事情本身就极富讽刺意味。两人告别时，鲁迅对送客来到电梯口的萧伯纳说："你们乘电梯，我们是走楼梯的……"

就这样，中国人凭着恒心和毅力拾级而上，最终登临大厦之巅，将红星高挂在空中！

（孔令严、薛庆国　译）

致北京的吻

〔也门〕阿卜杜勒·阿齐兹·麦卡里赫[1]

我何时才能在你红色的广场欢庆胜利的城楼下走过

吻一吻那前额

你绿色的前额，啊，北京

我以绿色也门的名义放一只

洁白的鸽

我何时才能行走

在白昼的历程进军的路，哪怕几米

1　阿卜杜勒·阿齐兹·麦卡里赫（1937—　　）：当代也门著名诗人、文学评论家。本诗译文选自郭黎译：《阿拉伯现代诗选》（湖南文艺出版社，2000年版）。

那是毛泽东、人民、支持者的历程

一切善良人们的历程

何时？

我何时见到你，北京？

……

北京

我心驰神往的绿洲，尽管相隔遥远

我们仍相会在

伟大征途的火把下

在暗无天日的夜里

我们给进军的人希望的火把

巨大希望的火把

当"纸老虎"把我们钉上十字架的夜晚

你，来自东方的、绿色的慧眼

向薄暮的窗口临视

注视着人民怎样创造他们的黎明

在冷峻、聋哑的群山凿出

胜利和光明道路上的第一条线

今天，在拥抱着白云的我的城市

群星拥抱着

高高的尖塔

它正用烟和汗书写

音调和谐的故事

北京啊，那是永不消失、永不灭亡的爱情故事

（郭黎、薛庆国　译）

中国之路

〔也门〕穆罕默德·阿卜杜勒·瓦利 [1]

　　阳光晒得人头痛。几百人弯着腰，低着头，把石头搬到道路两边，向着四面八方迅速地推进。大山在开路者的面前沉睡着，静默而充满威严。他们时不时直起身，擦擦汗，把目光投至山脚下的某地，那里有人正在测量着什么。有人抬头看看山顶，笑了笑，然后又低下头，使劲地砸着地面。一声声号子飘向远方，手中的铁镐挖进硬地深处。

　　这是阿里·提哈米第一百次抬头看。他看着大山，摇摇头，似乎在忧虑着什么。他征服不了大山，他的伙伴们也一样。那

1　穆罕默德·阿卜杜勒·瓦利（1939—1973）：现代也门著名小说家，被誉为"也门小说之父"。本文选自《土地，啊，赛勒玛：瓦利短篇小说选》（2005 年 10 月 3 日《一报一书》项目第 86 期）。

些小个子男人中的一个快步从他面前走过：他们的眼睛很小，眼皮在阿里·提哈米看来好像被割过一刀；他们的头发黑亮，常常垂到了脸上。

小个子步履匆匆，手攥几条粗麻绳。阿里·提哈米面带微笑，高兴地看着他。在阿里·提哈米眼中，他就像个可爱的小孩；或者说，在他的眼中，那些小个子男人都像是不超过十岁的小孩……但他们正在做的事情，却让阿里难以置信。40年来，这个属于部落的汉子成天跟着长老，生活在大山后面的黄沙之中，不是参加争斗，就是在洗劫商队。

恰如红海海面上的帆船水手，见物则取，靠岸即停。

阿里·提哈米早已习惯了冒险，然而这些小伙子从中国远道而来，要为他的国家援建首条贯穿国境的公路，一直通往他从未亲眼见过的首都萨那……在他眼中，这些小伙子根本不是在冒险，他们简直是疯了。

他朝着太阳抬起头，黝黑高大的身体早已习惯灼人的烈日。大山横亘在他们面前，阻挡着前往首都萨那的道路。

山势险峻，没有通路，没有生机，只有坚硬的岩石。阿里·提哈米看到，这些小伙子腰间系着绳索，利落地开始攀爬。他听见自己的心怦怦直跳：这样来看，一切都是真的了。前些天，他从新闻里听说，中国人会把所有挡路的山炸掉，以便把路修直……他觉得新闻在说谎。这些疯子怎么能把大山炸掉？

他们迅速地爬升，所有人都跟着他们抬起头，直起身，一脸惊讶。对他们来说，看到有人像猴子一样轻巧地爬上石头，用绳子将自己悬在半空去爬山，这是人生头一遭。更何况他们还要在半山腰干活。只见他们手握一种奇怪的镐头，奋力快速凿击大山，他们的手在震颤，但他们不会掉下来，这是一群多么奇特的人啊！

阿里点了点头，想起当年他在哈迪·希吉庄园做奴隶时的一段往事。那时，他看到另外一些外国人。他们的脸膛是红色的，一天到晚满头大汗，不停地喝水。他们总是用鄙夷和嫌恶的目光，看着正在头人地里干农活的阿里和他的同伴们。他们对当地农民避之唯恐不及，连睡觉都在远离村庄的白色大帐篷中，有时宁可睡在汽车里，驻地周围还布下带着武器的守卫。在阿里·提哈米的记忆中，这帮人所有的工作，就是举起顶端有东西会发光的长棍子，眯上一只眼睛，盯着沙漠看，盯着沙子看，盯着无言的大山看，盯着翠绿的土地看，汗水从额头上滚落在地。这帮人似乎别的不做，只是涂涂画画，浪费了许多张大白纸，而阿里对此完全不明所以……过了很长一段时间，他们走了，一去不返，留下的只有阿里和所有人对他们的憎恶。

阿里向山前挪了几步，看到中国人正在不停地挖着山体的中心。天壤之别啊，对此他再清楚不过了。这些人工作起来比那些红脸膛的人认真得多。在他眼里，他们都是外国人。可今天和他一起干活的这些人一心扑在工作上，难怪也门民工按当地的说法，善意地把他们叫做"劳累驴"。他们一点都不傲慢，不仅不躲避民工，甚至就和他们睡在一起，和他们一起掘地挖土，和他们一起放声大笑。他们嘴里刚刚能蹦出几个阿拉伯语词语之后，就逢人问好打招呼。他们的脸上总是带着笑容，那笑容一刻都不曾消失。他们没有守卫，也不嫌弃农民，阿里曾经看见他们笑吟吟地帮助农民们耕地。类似情景，他在公路沿线不知见到多少次。

他想起前几天发生的事故：一块大石头砸在一名工人的小腿上；忽然间，一个中国人很快把衣服撕成条绑住伤口；紧接着又有一个中国人带来了药箱。他们对他是多么友好，多么和善！

他们腰系绳索，沿各个方向踩着岩石移动，不知疲倦地工作着。面对此情此景，工人们议论纷纷。有的人提心吊胆，有的人防备着他们摔下来，但他们始终迅速而沉默地工作着。阿里·提哈米想象着他们脸上不曾消失的微笑，自己也微笑起来。

工作时间结束，工人们回到营地中。他们是一个奇妙的团体——昔日的农民、水手、牧民，头一次以荷台达－萨那公路铺筑工人的身份一起工作。

阿里·提哈米所在的小队是众多小队之一；每个小队在各自的地点工作，劳动竞赛正如火如荼：哪个小队会抢在其他小队之前完工？阿里·提哈米的小队处于领先。阿里听到一阵喧哗，接着看到工人们迅速散开，口中喊叫着："炸药——炸药——"

在他附近站着两个中国人，三人一起遥望着大山。阿里眼见大山的每个部分都被凿穿，他走到那两个中国人跟前。远处传来爆炸的轰隆声，大地在他脚下摇晃，烟尘四散而起，山体震颤着，山石迸发而出。几分钟过去了，阿里·提哈米还是无法相信。周遭的尘土塞住了他的耳朵，烟尘涌入他的鼻腔，他的双眼被呛得流泪。透过泪水，阿里看到一张饱满的微笑。那人的脸宛如小天使，眼睛小小的，鼻子很漂亮。

待阿里完全睁开眼时，大山已经不复存在：它已经变成了土石遍地、烟尘滚滚的大广场。身边有人低声说：

"怎么样……是不是……成了？"

他看到，身旁的人微笑着，指向刚刚倒塌的山石：

"道路成了。"

阿里·提哈米点点头。此刻他只盼望一件事，要是哈迪·希吉庄园里的那些伙伴也能和他目睹这一切，该有多好！

他站在那个中国人身旁，两人一起望着面前的道路，远处更高的山峰似在向他们招手。他对中国人说：

"你，几岁了？"

中国人笑得更灿烂了，他伸出十指，比画了三次。阿里不相信：头发、眼睛、脸庞、没有生出胡须的下颏……一切都表明，这个中国人不会超过二十岁。他难以置信地摇了摇头。

这时，中国人也问他："你，多大？"

阿里把十指比画了四次，中国人大方地握住阿里的手，一边朝着起爆区域走去，一边和他攀谈，阿里挑着能听懂的内容听。阿里停下来，用手指着远处的群山，中国人明白了他想表达什么，敏捷地举起双手，高喊：

"每……天！"

两人成了朋友。好几次，阿里没能认出他的朋友。他们长得都差不多，每个人都总是微笑着。

一队队工人马不停蹄地前进，中国专家和也门民工并肩工作，挥舞着锹镐，挖着，砸着，笑着……他们的爱感染着一切，曾在哈迪·希吉庄园当过一段奴隶的阿里，再清楚不过：他怎能不喜欢他们，怎能不尊敬他们？阿里常常想：这些人在此地、在他的国家干活都如此卖力、玩命，那么他们在自己的国家干活时该是什么样子呢？

他又来到一座山跟前。为了让道路通向前方，通向萨那，这座山必须消失。

刘——阿里的朋友——微笑着，一面爬山，一面朝给他递工具的阿里呼喊：

"我……你……比山……强大！"

阿里周身猛地一颤——他第一次知道，人，乃至他自己，比山还要强大。

他走在前方，接近第三座、第四座大山，身旁是他的朋友刘。第一次，一名也门工人搭着绳索爬升，把山炸开，让道路前进，让也门人民命名的中国之路前进。阿里·提哈米走在前方，移除大山，铺筑道路，还有其他的也门工人，他们也搭着绳索爬升。刘微笑着说：

"也门人……每个都聪明！"

（孔令严、薛庆国　译）

《毛泽东：来自中国的诗》序言

〔叙利亚〕马姆多哈·哈基 [1]

我怀着好奇读这部诗集，因为它已经译成了多种欧洲文字。左派报纸对它赞许有加，右派报纸则心情难受地面对它。我以一个研究者、批评者的观点看待它。我欣赏它的某些诗歌精神，但它的风格，它固着的倾向性 [2] 却并不令我欣赏。

阿拉伯读者习惯了英法文学。这种思想的入侵，始自 19 世纪，它使我们远离了东方思想的成果，即使我们读欧麦尔·海亚姆、伊克巴尔、泰戈尔，也是通过英文、法文。至于中国、

1　马姆多哈·哈基：叙利亚学者、翻译家。其翻译的《毛泽东：来自中国的诗》由黎巴嫩觉醒出版社 1966 年出版。本文是该诗集的译者序。
2　作者在这里似乎指诗作中的革命内容。

日本、印度尼西亚、马来西亚、菲律宾等国的诗人，我们却一无所知。

像我这样喜欢研究东方思想的人，都通过欧洲文字来了解它。东方文字太难了，我们没有对它的迫切需要，因此我们的大学不教授它。中国文字是至今仍在使用的文字，差不多4000年来的中国文学都是用这种象形般的文字记录下来的。

这位诗人，是他的民族的最高政治领袖，是他们摆脱封建主义、帝国主义的解放者，是外来侵略者、剥削者的清除者。他的话要以金子来衡量。人们把他看作是现代诗人之首。人们如果被问起："谁是最伟大的当代中国诗人？"他们会异口同声地回答："毛泽东！"

我们还不习惯于我们尚不了解的描写。我们了解西方诗歌，了解阿拉伯诗歌。至于（本诗集中）此类描写，我们则是完全陌生的。这些诗是在不同场景写的，我们对它全然不了解，不了解它的政治、斗争价值。也许某一个词语象征着当地一个重大事件，中国人听了会情不自禁地激动起来。而这同一个词语，却全然不能引起我们的注意。某些词语具有特别的铿锵的音乐性，但在翻译时却丧失殆尽。某些词语由于某种排列组合，具有不可分裂的联系和特别意义；而别的语言无论表面字句、意义怎么相同，也反映不出其深含的内容。他们的神话对于我们也是陌生的，既不同于希腊神话，也不同于阿拉伯神话。在他们那里，"老人星"与他的恋人"土星"只有在阴历七月初七才能在天河的桥上相会。桂花酒是永生者的饮料，桂花树高入云端。吴刚想攀爬上去，但树枝阻挡了他。每当他用斧子砍断一根树枝，在原处又长出一根树枝……就这样他成为永生者，但必须永不停止地砍桂花树。300万玉龙，搅动天地，其鳞片落在山上，成为柔软的白雪。猴王用它巨大的扇子对山扇动，便下起了大雨。还有诸如此类的存在于他们传说和民俗深处的神话，我们只能惊讶地面对它，却不知如何欣赏它。

在他们的诗中有许多名词、历史、数字，使我们之间产生了某种空白。我们感觉到它，但不能明白它。《如梦令·元旦》这首诗的开头这样写道："宁化、清流、归化，路隘林深苔滑。"再读读《菩萨蛮·大柏地》："赤橙黄绿青蓝紫，谁持彩练当空舞？"你会感到有某种诗歌精神在你心中跳动吗？也许你会想到阿拉伯古代诗人伊本·鲁米[1]描写彩虹的颜色的诗句：

似南方来的巧手，

在天空绣出锦衣。

1　伊本·鲁米（836—896）：阿拉伯中世纪大诗人。

上面微微呈黑色，

下面直插入地里。

这是斑斓的彩虹，

绿色红色黄色白色，

像少妇拖着的裙摆，

色泽鲜艳长短不一。

如果你将两首诗比较，会感到明显的差别。伊本·鲁米的颜色，像个活动的少女，来回走动，夸耀她身上穿的衣服，一部分连着另一部分，表现出协调、和谐和丰富。而中国的这首诗，仅仅是物质的虹，跳动着各种颜色，用这种物质的方式表现画面，失去了诗歌灵魂。也许在汉语中，表现这些颜色的词具有特殊的音乐性，但通过翻译我们感觉不到。

汉语中也有律诗及类似我们的"彩诗"（穆沃什哈特）那样的诗歌，有四言、五言、八言等，介于四行、六行、八行不等。其韵脚类似阿拉伯诗歌的韵脚，他们现在仍保留这一传统，维护古典诗歌的韵律，在创作诗歌时会提及是根据什么韵律写的。最著名的有两类：一是诗，二是词。就如同我们阿拉伯人在中世纪时所说：某位诗人是根据"长律"创作的诗歌，韵脚字母是"希努"；某位诗人又根据"全律"来创作诗歌反对他，韵脚字母是"努努"。我们今天仍在谈论诗人布赫图里的"希尼叶"（即韵脚是"希努"的诗歌），艾布·泰马姆的"拉伊叶"……

也许由于翻译，这些很有特点的音乐性都丧失了。我们对这些诗歌缺乏热情的原因之一是，我是从法文、英文翻译这些诗，而不是直接从汉语翻译，因此不能了解它们原有的音乐性。由于两种诗歌的差异，我不可能将音乐性译成阿拉伯文。我尽量将诗歌的思想、画面翻译出来，以使我们的阿拉伯图书馆增加一种我们从不知晓的新的诗歌品种。我相信，无论如何，思想的交流总是有益的。既然我曾经翻译介绍过英、法、德等语言中的优秀文学作品，并以此为我们的阿拉伯语服务，那么我为什么不能翻译介绍遥远的东方文学珍品，并以此为我们的语言服务呢？

我们与中国、东方的交往十分久远，早于穆斯林军队进入这个地区数百年。这种联系持续稳固发展。海路通过船队联结，陆路通过商队联结，直到晚近的时代。《一千零一夜》"瓦格瓦格岛"[1]神话中，长墙（长城或有双角的亚历山大之墙）及歌

1　阿拉伯古籍中经常出现想象的"瓦格瓦格群岛"，并认为群岛位于中国海或印度洋中。

革和玛各传说¹……都有所提及。直到今天，我们还藏有中国瓷器珍品，把它们放在家中最显眼的位置上。尽管有这些联系，但在文化、文学、哲学上彼此却没有什么影响，也许语言的困难是他们的文学没有传到我们这儿的最大因素；而他们却从我们的文学中译介了《一千零一夜》以及某些现代小说，当然，这些作品并不能给他们留下关于我们的作家及其作品的完整而真实的印象。

这种令人遗憾的文学隔阂应当消失。我们应选择具有文学鉴赏力及很高文化素养和能力的翻译家来担当这一民族的职责。我在建筑的基础上铺上了第一块砖。如果可能，我将继续完成远东诗歌、神话、小说、哲学等作品的翻译，从而为研究者们提供一点帮助。我会成功吗？我从内心希望如此！

（邳溥浩、薛庆国　译）

1　《古兰经》中有"双角王"（"左勒盖尔奈英"）建墙抵御不义者歌革和玛各之害的故事。有人以为"双角王"即亚历山大大帝，部分阿拉伯人甚至以为"双角王"建的"墙"即是中国长城。

百花齐放，百家争鸣

〔叙利亚〕阿多尼斯 [1]

一

会面与座谈结束后，你重又独自一人，想起你原本想作为开场白、但后来并未道出的念头。就在前往中国的旅途中，你还带着近乎恐惧的戒备，与此同时，你又怀着对知识的渴望："求知，哪怕远在中国。"

就这样，你前往世界的那一半；也许，在不远的未来，它意味着整个世界。你好像是来见证一场"复活"，只不过是大

_____

1 阿多尼斯（1930— ）：享誉世界的叙利亚大诗人、思想家，现旅居巴黎。1980 年首次访华，2009 年以后又九度来华访问，出席各种诗歌活动。本文原文刊载于 1980 年 9 月 7 日出版的黎巴嫩《白天》杂志。

地上的"复活"。

飞机平稳降落，你踏上了中国的土地，呼吸着中国的空气，望见许多面孔。结束安检并通过海关后，你与前来迎接的朋友握手，中国式的礼数让你感到愉悦和安心，这种礼数伴随着安静与深邃，仿佛这才是时代的智慧。脸上的表情和举手投足之间，都流露出迷人的温良。前来迎接的东道主，让你仿佛置身于热情的怀抱中；又仿佛他经由你，第一次看到世界。

你想起在飞机上透过舷窗望见的中国土地，目之所及尽是绿色田野，像是绵延无边的苗圃。你试图熟悉、适应这一切，并在心里思索、比较。忽然，你的内心一阵惶惑，一个问题映入脑海：如何把握如此广袤无垠的文本——这由自然（纸张）与人类（言语）相遇而生成的文本？

二

超乎你的预料和想象，颐和园出现在你眼前。慈禧太后挪用了建设新式海军的军费兴建了这座园林，整个工程，完全按照穆斯林工程师亦黑迭儿丁[1]的设计实施。

1　亦黑迭儿丁，一说是中亚花剌子模人，元代著名建筑师，在元世祖忽必烈即位前已来到中国，应忽必烈之邀负责元大都（北京）宫殿的设计。一般认为，颐和园由清朝著名设计师雷发达设计。作者此处记述有误。

　　"慈禧做得对！"一路游览参观，你情不自禁地这样感慨。那些奴役人民、掠夺财产的帝王们，何来如此惊人的艺术品位？何来对艺术持久生命力的独特感知？人们指责慈禧太后，责怪她沉溺于艺术，对武装军队、优化装备反倒兴趣寡淡。但这何尝不是一种令人羡艳的指责？进一步而言，艺术和面包一样重要，甚至更为重要：人们通常不是饿死；但是，没有艺术的民族却虽生犹死，无论在物质上多么富足，他们都如尘土一般了无价值。

三

　　——注视着塑像的这位女子，冷若冰霜。

　　——"中国人犹如保温瓶，外表冰冷，但内在却极其温暖。"

四

　　在北京、上海和苏州，你去过的所有剧场全部座无虚席，观众是女士、青年和老人。不论是剧场的座椅，还是观众的着装，其中都看不出社会等级的痕迹：座椅统一标准，着装大致相同，人和椅子坐落在如同自然一般简朴的地毯之上。

剧场里，首先引起你注意的是样式独特的戏服，用各式刺绣和奇异的穗饰缝制而成，仿佛它是从丰富又透明的历史深谷升起，垂临舞台之上；如同一面明镜，映照着不同的时间、山丘和树木、河流和田野，萦绕其间的是云翳——这些中国女性的身体，犹如莲花一般，在戏剧的海洋中熠熠发光。

五

在思想丰富、观点多样的前提下，消除人们之间的差异，实现公平、平等、平权；曾经引发革命或冲突的那些因素，如饥饿、剥削、疾病、贫穷、愚昧等等，有的正在消失，有的已经消失；人的思想和工作都以生产为中心，政府为这种活动提供组织，给予保障。

这是中国人所津津乐道的。有些已成为现实，另一些是他们正致力于实现的，或者在实践中发现了不足而努力去完善的。人们之间的差异消除后，消费不再是生活的头等大事，所谓的奢侈品因而也不再重要。比如，你在中国很少见到私家车，中国国家主席毛泽东的月工资折算起来不到1000黎巴嫩镑，部长的月工资折算为700镑，一套两居室住宅的月租金大约为7镑。

因此，考虑最多的便是让每个人在日常生活中享受艺术、诗歌与哲学。

消除个体之间在日常生活方面的差异，是消灭各种各样的崇拜——尤其是消费主义崇拜——的最好体现，是保持生产与创造之动力的最好体现，它旨在建立一种配得上大自然之美的全新的社会模式。

诚然，中国人仍需作出长期而艰苦的奋斗来实现这一目标，但你可以感到，中国人正在为此而奋斗。

六

让你强化这种感受的是：你发现中国的事物，要么是艺术，要么是日常生活的必需品。没有占为己有的欲望；人们的愿望，是工作，是享受艺术。

在这样的氛围中，创作主导一切。

——在文学与政治、尤其是文学与政党间的关系如此紧密的情况下，你们如何看待文学和艺术？

——文学与党的关系，是文学与政治之间关系最直接的体现。指导文艺工作是党的任务之一吗？答案是：党的任务是作正确的引导，这种引导指的是经常回到人民群众中间，尊重专业人士。

文学与艺术是创作问题，而不是政党问题，也不是政治问题；这意味着文艺问题具有特殊性，因而应当具有一定的独立性。

此外，根据马克思主义的世界观，去表现生活中的矛盾，不正体现了你所说的对文学与政治关系的理解吗？

如你所知，辩证法的关键在于批评和革命；没有批评，就没有革命。但批评的对象不仅限于敌人，还应以批评的眼光审视社会主义实践，审视自我。否则何来进步？

因此，作家和艺术家有权反映现实生活中的一切，并且有充分自由选择合适的表达方式。只有这样，创作方式与表现形式才能丰富多样，不存在单调和类同。历史经验已经证明，一成不变的创作方式会扼杀作家与艺术家的才华，妨碍文艺的进步。

我们说，文学和艺术要反映生活，反映生活的矛盾与多面，但同时我们也说，文艺对生活能发挥重要影响。因此，作家有必要参与到社会实践中，作家应该书写他所熟悉的、印象最为深刻的事情，从而使作品具有影响社会生活的力量。为实现这一目的，作家需要观察生活，以开阔而全面的历史眼光去描写生活。

如今，在这种来之不易的条件下，真理与政治高度协调，我们致力于营造一种尊重创作的氛围，我们也正在体验这样的氛围。

七

——看，这位老者多么平静！

——但这位看似平静的老者，心怀着浩荡的梦想。

八

苏州的传统园林，是被树林、山石与湖泊点缀的宅苑。用自然，中国人创造出另一种更加亲和的自然，其元素是树木、岩石和水。生活与艺术融为一体，器皿、门窗不仅是实用工具，也是用来审美欣赏的艺术品。日常生活的点滴就是纯粹的艺术，而艺术的最高形式就在生活的寻常中体现。

西方世界中生活与艺术的割裂，不仅影响了艺术，而且影响了生活，尤其是对敏锐感知产生了消极的毁灭性影响；现代技术的非人道一面，就体现在这种割裂中。

园林中蟋蟀的叫声环绕耳畔，有如丛林中的风声，时高时低，若隐若现，让整座园林更显幽静，正如中国诗人所吟咏的那般；而鸟的鸣啭，又使园林更显温馨。

这种对于自然的感知，是对物质的、而非形而上的永恒的感知。自然处于持续不断的变化中，它是一具不会衰老的身体，除非是为了重回童年，而它的童年只存在于老年之中。

放进园林的石头，需要满足一定条件：要有凹凸的坑纹，有穿透的孔洞，有美丽的形状，石头表面不能积水，以此来保持石头原本的颜色。

因此，园林中每块岩石都如同精美的雕像，出自大自然的鬼斧神工。

中国人制作的工艺品，是他们在呵护自然——田园、树林、花草、植物、河流、湖泊——时表现出的高品位的一种延伸。

不是和自然割裂，而是与其浑然一体，和谐共生；不是征服自然，而是与自然媲美。

九

社会主义社会与封建社会的生活截然不同，观念和表达自然也不相同；因此，两者的文学与艺术也必然不同。这就引出了一些新的问题：历史的延续性意味着什么？什么是民族特色？在面对文化遗产、面对外国文化时，应该采取怎样的态度？如何才能在持续变化的社会中保留文艺的民族特色？如何表达社会主义观念？如何在坚守文化遗产的同时，表现无产阶级的特色？

在我看来，对于这些问题，并没有给出确切的答案，这本来就是值得研究与深思的问题；而答案，需要根据不同历史时期、不同的新形势去慢慢探索，这种探索要始于对问题的本质的思考。

对于中国马克思主义者来说，"人民"不仅仅指无产阶级，而是包括了社会的各个群体。了解了这点，我们就自然明白，中国人为什么不使用"无产阶级文学"这一过于狭隘、排他的表述；同样，文学的问题，也无法仅仅从无产阶级的角度来解决。如果认为文学和艺术不过是阶级斗争的工具，那就大错特错。

故此，中国马克思主义者就文艺问题总结出以下三点原则：

1. 推陈出新。

2. 古为今用。

3. 洋为中用。

十

上述讨论同时引出了另一个问题，即如何看待毛泽东的思想与观点，尤其是他于 1942 年在延安发表的讲话。答案是：观念必须要随着社会现实与形势的改变而改变；因此，必须区分普遍真理和可以在特定时间、特定环境中实践的真理；这意味着应当理解毛泽东的思想与观点，并且根据新的情况和要求去发展其理论；没有绝对的恒定的理论，一切理论要建立在不断更新变化的现实之上。

确切来说，中国人是一切形而上的对立面；他们从现实与实践中，探索一切行动、一切思想的正确性与有效性，一切事物都是为了服务于人而存在或是被创造的。所谓的原则或理论，需要不断接受审视，需要根据人类的经验而进行修正与改变。因此，客观现实，即人和人的幸福与进步，永远是第一位的。

当听到这样的话语，你一定会联想起阿拉伯思维的可悲现实：以思想否定实践，用理论遮蔽现实，这种状况无休无止，令人扼腕！理论被置于凌驾于生活和现实之上的绝对地位，人变成了依附于理论的奴隶，他们编造出用以捍卫自身奴性的种种说辞；但本质上，这只不过是在掩饰他们面对不断奔涌、不断更新的生活时的失败和无能。

十一

——文学与政治，文学与政党，以及，文学与人民到底是什么关系？

——文学与政治的关系，归根结底，就是文学与人民的关系。文学，在表达人民的生活、表述人民的利益和目标时，也表达着与人民相关的政治。文学的这种表达能力越强，它对生活和政治的影响力也就越大。

实践表明，关于意识形态的问题和文学艺术的问题，如果试图采用行政手段或诉诸阶级斗争去解决，那是极其错误和危险的。这种想法太过简单化，往往会酿成大错，"文化大革命"就是一个活生生的例子。此外，这种想法还造成庸俗化、僵硬化、肤浅化、直白化等弊病。

但是，在文艺界要表达这种思想并加以落实，就需要充分地实行民主。

如今，我们比过去任何时刻都更加意识到民主的重要性，这尤其体现在我们提出的"双百"方针中——"百花齐放，百家争鸣"。

在这样的背景下，文艺工作者们意识到自身的角色与任务，他们强调表达社会生活中矛盾的必要性，在任何情况下不得掩饰矛盾。他们还强调有必要拓宽文艺创作的主题范围，大胆想象，深化思想，丰富写作手法，提高创作的艺术性，这样才能让作品响应群众的呼声，满足人民文化生活的需求，使文艺达到人民期待的水平。

十二

在这样的氛围中，当前，中国的作家和艺术家们如同置身于巨大的蜂巢一般，与农民和工人一起，不知疲倦地工作。而青年作家和艺术家们，借用他们自己的说法，也如"雨后春笋一般"快速地出现并成长。文艺表达的形式在不断丰富，所关注的主题也不断扩大，对于各种话题的讨论非常活跃，有时甚至十分激烈。他们的态度清晰明了：支持民主；但同时又一致认为，当前实行的思想自由是为了服务人民，为了团结与社会稳定，为了集体利益，为了实现"四个现代化"。人们还一致认为，最适合中国国情的创作手法，是将革命现实主义与革命浪漫主义相结合，革命现实主义蕴含了革命浪漫主义的种子，而革命浪漫主义则发轫于革命现实主义。在这样的结合中，生活的理想与社会的未来交相辉映。

在这样的氛围中，诗人们打开了在"文革"年代被关闭的诗歌之门。他们谈论人性的深度，谈论希望和痛苦，悲伤和欢乐，愤怒、讽刺和诙谐，谈论他们的自身经历。

在这样的氛围中，他们欣喜地表示，今天的文化界接受各种文学流派，包括象征主义和超现实主义；例如，有人正在翻译詹姆斯·乔伊斯的小说《尤利西斯》。他们说中国人需要新的文学形式，因为人民拒绝僵化的模仿，渴望革新。

诗歌领域发生的变化，同样发生在小说、戏剧创作的领域。

他们认为，如果说中国的文学家偏爱与革命浪漫主义相结合的革命现实主义，那么他们并非仅仅记录或反映现实；他们追求的，是全方位地表现现实，可以一言以蔽之——"向前进，但不要忘记过去"。

十三

我差点忘了写中国的孩子和女性。

以我们熟悉的希腊、西方的标准来看，中国的孩子可能称不上美丽，但你很少见到如此富有吸引力的儿童面孔。这种吸引力背后有着什么秘密？他们有一种透明而无邪的朦胧，好似泥土、天空与风的混合。泥土别有滋味，天空忽远忽近，带你去往你不知的所在，而风在跟高尚的君子做着游戏。

林木生长，经过修剪，成为一具身体。

美丽的中国女子永远如孩童一般。她举手投足好似一幅画卷，在空间的布帛上徐徐展开。她一颦一蹙，犹如汩汩清流，你可以从中映照出自己。她身姿窈窕，如同破土而生的植物，与周遭的事物和谐匹配。她体态婀娜，极少丰臀巨乳者，就像是寄生于人类女性躯体的美丽羚羊。

不，美丽的中国女子与其他美丽女子皆不相同。

她由日常生命之清泉与泥土混合而成。她是一只劳作不息的蜜蜂，从事最简单到最高级的脑力劳动，或是最原始到最复杂的手工技艺，会用一年甚至三年打造一块艺术刺绣。中国人常说：中国的男人可能会偷懒，但女人不会。在这透明又富有生机的尘埃中，你看到中国女子的面孔犹如一朵莲花，出淤泥而不染。此时此刻，你会重复中国古典小说家曹雪芹写在《红楼梦》里的那句话："男子是泥做的骨肉，女儿是水做的骨肉。"

　　我要斗胆说：我仿佛觉得，假如你有幸跟一位中国女子——她就像我见过的中国女子一样美丽——同眠共枕，那么，神灵将伫立在你身后，向你吹一口来自他的气息，为你披上一件他的罩衣。

十　四

　　中国不仅仅是一个另类的世界；在不远的将来，它或将创造另一个世界。

（杨婉莹、薛庆国　译）

新世纪篇

北京与上海之行：云翳泼下中国的墨汁 [1]

〔叙利亚〕阿多尼斯

2009 年 3 月 13 日（星期五）

大约中午 12 点，从巴黎出发的我抵达北京。机场迎接我的是薛庆国博士，北京外国语大学教授，阿拉伯文学的研究者与译者。正是他，让我的诗歌成为汉语怀抱中的宾客。他有很高的文化素养，说一口流利的阿拉伯语，与任何一所阿拉伯大学里的阿拉伯文学教授相比，也毫不逊色。

他陪我前往入住的友谊宾馆，并建议我在宾馆休息，次日再安排活动。我欣然同意。

机场至宾馆的路上，两旁的树木尚未长出新叶，不时能见

1　本文曾刊载于 2009 年 6 月 3 日《中华读书报》，译文对原文有所删减。

到枝丫上的鸟巢，令我想起故乡村庄的树木和鸟巢。

宾馆位于北京城西——北京的高校和科技园区。天气依然偏冷，已经熄灭的宫灯，伴随着寒风的脚步飘曳；宫廷中的皇帝们，似乎只在书本中才死去。宾馆景色秀丽，犹如一卷古代的画册。繁复的雕饰与缤纷的色彩，仿佛与安达卢西亚[1]的雕饰与色彩一起摇曳。这种感觉，我也不知如何解释。

坐在宾馆的咖啡厅，与我做伴的时光，犹如长途跋涉后疲惫得无力嘶鸣的马群。咖啡厅的服务员，那位美丽的木偶，正在注视我。我在最后一排的一个角落里读着、写着，有时抬头望一眼那位姑娘，我想，她心里一定在说："又是一个奇怪的疯子。"

桌上小玻璃瓶里插着的玫瑰，向我伸出看不见的手。我的眼光，正在追踪无形的天际里一朵隐秘的玫瑰。咖啡厅已开始揉起眼帘，如同一位早早醒来睡眠不足的旅人。

你呀，隐秘的女子，正在陪伴我的女子，你是谁？

在我身后已有 80 个年头！你看，看历史的刀剑如何扎入其中切割穿刺，你能否听到铿然的响声？试着穿过覆盖那些

1　阿拉伯帝国自公元 8 世纪起曾统治西班牙南部 700 多年，阿拉伯史称这一时期的伊比利亚半岛为安达卢西亚。

岁月的云层，试着去阅读日子的骰子在岁月之上滚动留下的痕迹。

在我身后已有 80 个年头！

我在说什么？白日之梦不过是睡眠的另一种形式。

那么，我该彻底醒来，将变化的汁液注入词语，以便更好地描述中国；我该把天安门当作一面镜子，以映照我的问题；我该把问题搭成一个舞台，让意义的太阳在台上展示；我该在朋友薛庆国的陪伴下，翻阅生活编纂的辞典，搜寻其中的众多词语，无论滋养这些词语的乳房已经枯瘪，或者尚未发育。

从我的话语里迸发出一句：

历史的雷霆，击中了物质的躯体。

1.

天空的椅子，

甚至容纳不下一个哭泣的儿童拨动的石子。

2.

语言的云翳：

泼下中国墨汁的一群飞鸟。

意义的天平：

一端用以言说，一端用以发问。

3.

从天空之梯独自降临的一颗星星，

仿佛带来了我正等待的一封邮件。

4.

你不会因为年迈而死，

你是因为厌倦了童年的永恒而死。

5.

"没有什么会死去。"

连死神都对你这么说。

死亡不过是一团泥巴，

捏成了一个最大的谎言。

3月14日（星期六）

我回想起 1980 年第一次访问北京时的情形。我想，最好从一个市场开始我的第二次北京之行。我想看看人们的日常生活，了解人民生活的方方面面。

我坐上了吴晓琴漂亮的英菲尼迪轿车，由她的学生唐珺作陪，前往秀水市场。吴晓琴是北外阿拉伯语教师，阿拉伯文学博士，一位穆斯林，她的先生是北京一位著名的心脏科大夫。

街上车流滚滚，各式汽车应有尽有。我们走进一座玻璃外墙的现代化建筑，年轻的女摊贩们个个使出招数，要把外国人吸引到自己的店铺。珍珠，翡翠，几乎算得上宝石的石头，随处可见龙和凤的雕塑……

真的，这一切可以成为一本惊奇之书的开篇，或者作为一篇序言，置于研究"已逝"和"无穷"之间差别的著述之首。

吴晓琴问我："累了吗？"我对她笑言："当我贴着天边行走的时候，我的双腿常常会疲倦；而当随着人群行走在大地上，我却从不知疲倦。"

我和你一样，对于苔藓逆着水流而聚合，对于痛苦之水浸湿自由的衣衫，是不会感到意外的。

常常如此，司空见惯。

你看：我来自的那个空间，人们在吞食着被炖烂的往昔和夹生的未来。每一个城市都是一头被屠宰的绵羊，每一个屠夫都声称自己是天使。

只有蛀虫在克尽厥职。

每一股涌来又流走的泉水中，都有一只丑陋的蟾蜍，或许有五只或十只。

刮起吧，孔子的风！刮起吧，菩萨和老子的风！让一切可感知的事物对我们敞开双臂！

吴晓琴的家敞开胸怀，欢迎我去用午餐。一个漂亮而富裕之家，她父母和儿子在门口欢迎。她说："我父母去年去朝觐了，感到非常幸福。"

"那么，他们向魔鬼投过石头了。"[1]

"是的。"

那是一顿丰盛的午餐。她父母像两朵玫瑰：根茎生在北京，花蕾却长在麦加。

晚上，薛庆国邀我在他家中，和从事阿拉伯语教学及阿拉伯文学研究的同事们相聚。他们每人都有一个阿拉伯语名字，或出于喜爱，或为图个吉利。仲跻昆：中国阿拉伯文学研究会会长；郅溥浩：中国社会科学院研究员，阿拉伯古代文学专家；伊宏：社科院研究员，纪伯伦研究专家；李琛：社科院研究员，马哈福兹及苏非文学专家；张洪仪：北京第二外国语学院教授，从事阿拉伯现代诗歌研究；齐明敏，北京外国语大学教授，从事阿拉伯古代文学研究。此外，还有国少华、史希同、张宏、蒋传瑛、邹兰芳、吴晓琴及她的先生。

他们中有的人看待我们，比我们当中许多人看待自身更要

1　向象征魔鬼的柱子投石，是穆斯林在麦加朝觐时的一项仪式。

深刻。他们似乎一起经历着我们的历程，怀着热情，但也怀有警觉。

1.

钟点像一群羚羊徐步而行，

在时间的丛林咀嚼神秘的青草。

2.

时间也会歌唱或哭泣，不仅仅用双唇，

而且用它所有的血脉。

3.

生活，真是书本吗？

书本，真是生活吗？

抑或，生活是一回事，书本是另一回事，

两者迥然而异？

孔夫子啊，请你回答，请你回答。

4.

诗人啊，请勿停止

对冒险的尝试，

尤其是撼动道路和行辙的冒险。

5.

人的天际，

在于他不停地

将自身之内的自身

转化为一个意外。

3 月 15 日（星期天）

颐和园。1980 年首次访华时我曾来过。一切未曾变化，依然那么古老而坚固。那位热衷梦想的太后下令挖掘的湖泊，也沉醉于梦中，并与时光默契无间。游客大都是中国人，他们或在湖畔徜徉，或在湖中泛舟，每一个人都沉浸在自己梦想的水中。

中午，在友谊宾馆餐厅独自用餐。

餐厅装饰成橙黄色。身着黑色或红色外衣的姑娘们忙忙碌碌，各种色彩、动作和声响构成一曲交响乐，听由女性的柔美指挥。

如果我感觉在北京过得愉快，那是因为这里的日子散发着来自阴柔的根茎的芳香：我不仅是指女性，连大自然也是如此。我是否还有一点遗憾，因为来自另一个根茎——机械——散发的另一种气味，也笼罩着某些街道，某些商业场所。

机械是另一个神灵。哦，我们该有警觉，以免有朝一日机械和神灵主宰一切。

我乘电梯回到房间。白日之梦将我纳入怀中，似乎它在拥抱一个疲惫的儿童。

哦，你这遥远的、亲爱的宝贝，你的火焰，应该化作光明！

哦，你这个宝贝，你的光明，应该化作火焰！

告诉我：你亲密的双臂，如何能拥抱那迥异的世界？你是否觉得有所失，那失去的是什么？你是否觉得有所得，那赢得的又是什么？

天际有一块云彩，它害怕的只是蓝天——我想象我的白日之梦如是说。

蓝天上有一片天空，它害怕的只是云彩——我想象我的白日之梦如是说。

白日之梦牵引着我——

我的思绪正在醒来，向它未曾见过的宾客敞开花园之门。今晚，来自另一个时代的精魂和幻影将在其中入眠。我已瞥见了这些宾客，或者说，我似乎已瞥见他们乘着舟楫，正在穿越世界之雾驶来。我看到：来自彼岸的海鸥在他们四周盘旋，我依然希望，那彼岸会允许我的船靠近。

白日之梦牵引着我——

且慢，孔子，我的伙伴，

为什么，此刻你让我想起了哈姆雷特？

真的，我们务必要凿开天空之壁。

白日之梦牵引着我——

下一个时代，会成为一把中国琵琶吗？

音乐啊，你不会担忧宇宙的寒冷吧？

时代？不过是那湖泊的眼中一个转瞬即逝的幻念。

那湖泊随着地球旋转，不过，是在意义的肚脐上旋转。

不，我无法入眠，

思绪之刃在切割我的肢体。

北京外国语大学，国际会议厅座无虚席。

一次谈论诗的聚会。白日将自己的脸庞印在其间。每一位发言者都怀着诗一般的爱。每一位女听众，都像接纳自己的初生儿一样，对听到的一切敞开怀抱。每一位听众，都沉浸在阿拉伯语的音乐之中。我扫视着、打量着大厅里的一张张面孔；每一张面孔上，似乎都有一盏灯在闪亮。

晚上，出席出版社的招待晚宴。

诗人们、记者们是柔美的花萼，芬芳和友善弥漫于宴席的空中。

1.

躯体，首先在于骨骼；

身体，首先在于爱情。

其余的，属于名叫"天空"的一种虚无。

2.

真理，在于被人实践。

3.

龙袍属于皇帝，

凤袍属于皇后。

4.

西方？——"它是一种有毒的气味吗？"

空气向我发问。

5.

芳香之水，从漂浮在友谊之湖的花朵上，

自由地滴落。

3 月 16 日（星期一）

中午，北外副校长钟美荪教授设宴招待。我们似乎谈论了文化上对哈利·波特的担忧，正如战争中对火箭和炮弹的恐惧；谈到了模式化和趋同化；谈到担心北京的青少年变得和伦敦的青少年一模一样。

我们似乎还谈到：在道家哲学中，存在是人亲近的朋友，它如同一个答案；而在西方哲学中，存在似乎是遥远的，亦即它是一个问题。

午餐后，在什刹海畔的一家咖啡馆接受几位记者采访。记者的提问，显示他们不仅了解阿拉伯诗歌，而且也了解阿拉伯政治与文化的状况。湖畔坐落着许多咖啡馆和酒吧，还有一些小店铺，设法满足人数日增的外国游客的好奇。

整个街区都古色古香。漫步其间，你会感到这里的居民对生活、对外来者的热情，他们让日常生活成为一座露天的殿堂。老宅与胡同，渗出了记忆的汗水，跳动着古老历史的心脏。

在这里，你会感到似乎亡故之人不曾死去，而是依然存活在阳光、微风和流水中。你会产生一种愿望，想看看"古老"如何身穿活生生的"现代"的外衣。

对"已逝"的天际关闭的窗户何其少，也可以说，对"将来"的天际洞开的窗户何其多。

假如这里的过去是指一片阴影，投射在劳动的双手上、思考和筹划的大脑里，那么，你还会感到有精魂和幻影在你身边游荡——倒并非要将你拉进古老的宅第，而是相反，要在你耳畔低语，诉说他们为你的现时着迷，渴望与你一起生活，与你分享生命、思想和知识。仿佛"过去"也走出了自身，渴望变成"现时"。

街道和胡同里的喧嚷，不过是生活洪流发出的浩荡之声，在那洪流涌出的源头，你已无法辨认新泉与旧潭。男女老少，就从这样的源头走了出来，他们打量着你，向你微笑，似乎都愿意陪你走上一阵。

仿佛已逝世界和现实世界的界限，正转化成轻薄而透明的帷帘。

晚上，和从伦敦赶回北京的诗友杨炼及他的朋友们——芒克、麦城、陈晓明、曾来德、唐晓渡、韩作荣、张懿玲、赵四、然墨等共进晚餐。

觥筹交错之际，我感受到了黄酒之杖发出的神奇敲击声的诱惑，诗歌之手在身体的空中舞动着那根杖。

当晚的天空披着冬末时分的灰装。在告别诗人们之际，我想象着：今夜的北京一分为二——一半属于爱情，一半属于诗歌。

　　晚餐后，我们前往著名书法家、画家曾来德的寓所。一座豪华、宽敞而不失精致的大宅，被用作画室和展厅：既展示他的作品，也陈列了一些中国古代雕塑。那些珍贵的雕塑富有力度和美感，令人惊奇。整个房间似乎就是一幅画作，是黑与白，或者白与黑——那正是他的书法和画作的色调。

　　注视着曾来德的作品细细品味，你会发现：大自然仿佛变成了一组创始的字母；手稿，书本，梦幻，天际，不同的时间与空间，都从其间迸发而出。你在欣赏这些作品时，还会看到：

　　一座大山借着蝴蝶的翅膀飞翔；

　　一只蝴蝶栖落在叫做苍穹的蓓蕾上；

　　太阳向你示爱，但首先将你诱惑；

　　行进中的幻影，将臂膀搭在光的肩头；

　　你的内心深处会燃起一个念头：在墨汁的原子里，去作一次远行。

　　在这样的字母里，时光的脚步是轻盈的。它借灰烬的色彩走门串户，头戴一顶集季节于一身的王冠。从这顶王冠上，放射出黑墨的线条泼洒在帛纸上。

　　1.

　　可能将现实拥入怀中，

空气将物质夹在腋下。

2.

言说即是让词语安静，

而不仅是将词语道出。

话语是一个问题，

它有关社会的勇气，

而不是语言的勇气。

3.

她说：

有一个身体，每当与之相遇，

我总要想象另一个身体以对付我的欲望。

这个夜晚，

诗人在她芳香的怀抱里入眠。

4.

旅行不是求知的方式，

旅行是爱的方式。

5.

北京，

她的心脏位于太阳的肚脐上。

3 月 17 日—18 日（星期二、三）

杨炼、欧阳江河、唐晓渡、汪剑钊、蓝蓝、西川、树才、穆宏燕等人。

这些诗人将中文向世界文学开放（俄语、英语、法语、波斯语，等等），并在那辽远的疆域中遨游。我们结识，交谈，一起远行。在此，旅行，与其说是求知的方式，毋宁说是爱的方式。于是，我们每一个人在凝望他前往的那个国家的星空时，就能看见星辰的玉腿，就能抚摸其酥胸。

798，曾是一家兵工厂的编号。现今已是一大片艺术园区。我在几个展厅里走马观花，漫无目的且走且看。但我发现了两大意外。

一是黎巴嫩—巴勒斯坦裔艺术家莫娜·哈透姆的个展，二是中国艺术家邱志杰的个展。两个展览都由尤伦斯当代艺术中心（UCCA）举办，前者题为"蔓延的丈量"，后者题为"破冰"。

在此之前，我已看到了舒勇演绎的中国民间神话，看到了他笔下呈现为女性形象的观音菩萨；看到了舒杰的"小眼看世界"——画中人睁着小眼，面对奇异的大千世界疑惑不解；我看到了概念先行，看到了表达象征意义和思想的急迫，看到了色彩和艺术只被视为表达概念的工具，仅居次席。

而"破冰"则是一系列规模庞大的作品。首先印入眼帘的，是呈现的中国南方生活场景，展示了各种日常器具、用品。其次是称为"失败之城"的装置，由四只乌龟、四面墙壁、四扇门洞组成，却没有顶部，墙头覆盖着一些植物，作品旨在象征登峰造极的失败。还有一件作品称为"芝诺"：世界在不停地运动，而那位站立的小人却停止不动。我还看到了"内部的风暴"和"建国方略"。这些作品构思精妙，意蕴丰富，艺术手法颇为老到。

至于莫娜·哈透姆展出的部分作品，之前我在其他地方也曾见过。她是位见解独特、勇于创新的艺术家，她打造了想象力的风琴，将直观的感觉和深刻的意蕴，元素的物理和情感的化学融为一体。

798 这座艺术之城，容纳了中国的乃至世界的创造性艺术能量，它是座开放、运动之城，它渴望探索，渴望走出教条主义的思想与文化，摆脱抹杀愿望和梦想的一切。

3 月 19 日（星期四）

在游览天坛一饱眼福之后，在前往新浪网接受专访之前，我在幻想的世界作了一次远游。

是的，在历史之墙的石缝之间，生长着一种无可名状的青草，连那些沉重的巨石也无法将它碾杀。那青草便是明证：生命不可征服，生命是最终的胜者。

我曾游历世界，我去过铁皮打制的花园，我和铜铸的身体有过碰撞，我见过树木垂头，而枝头的树丫，都变成一管管弩炮，向着成长在想象之田野的果实射击。

那些巨石的主人，且慢，请听青草的学生向你们质问：

你们，我的中国记者朋友们、未来世界可能的信使们——请听我说：

该让我们的语言从沉睡中醒来，让它更接近诗歌，从诗歌手中接过滋养创造力的食粮——我知道：在部落起舞、在世系击掌、在跛腿的时光凄惨地坐在空间的门槛上喘息的地方，这种创造力，正受到记忆和血缘的病症困扰。

我知道：藏身于时光黑暗的肺腑中的熔岩，被饥饿的历史暗暗掷出，正在沸腾、四溅；那些堆聚成各式形状的沙子决不知道如何摆脱这熔岩。

在我们这里，在距地中海最近——或许又最远——的我们这里，我们能将"主麻日"[1]从一周的七天中取消吗？或者能赋予它另一个名称吗？否则，时间的车舆，或许将一直徒劳地寻找适合导向未知的车轮。

1.

不要说"我的形象"。要说：

你，是除了你的形象以外的一切。

2.

让我感受迷惑吧，我的灵魂！

3.

"在中国的月亮里有一个情色的幽灵。"

一位阿拉伯天象学家如是说。

诗人是相信此言的第一人。

4.

去贴近深渊，

以便懂得如何向光明攀登。

5.

我的迷途的向导啊，

1　"主麻日"为阿拉伯语中星期五的音译，也可意译为"聚礼日"。按照教规，穆斯林于每周星期五午后举行集体礼拜。

身穿你衣袍的，

不正是我？

3 月 20 日至 21 日（星期五、六），上海

上海，聚会开始，却没有离散的时候。

万物都披上了湿漉漉的衣衫，那衣衫被盛在神秘之瓶里的一种奇特的香水洒湿，它的腋下是疑似想象的现实，它的袖间是疑似现实的想象。

聚会开始，却没有离散的时候。一切可能都是宾客。

钟楼四处可见，幽冥之酒在钟楼下方流淌。不，女人不是黑暗，男人也并非闪电。他们是怀有同样欲念、渗出同样汁液的同一种树木：同样向往生活、爱情、诗歌、钱财（常常如此）与政治（偶尔如此）。每一样事物都是一翼风帆。

码头坚实而稳固，然而缆绳却左摇右摆。鲸鱼、鲨鱼、海龟、沙丁鱼，来自同一个族类，在长江——中国最长河流——的入海口，散发出咸腥的海味。

文具店、电器店、网吧、大屏幕鳞次栉比，构成了一个乐团。你别无选择，只能倾听这样的音乐。那么，把你的耳朵交给螺号，去听世界的喧声吧。

而我，今夜将守着意义的坟墓不眠。与我一起夜谈的，是我中文诗选的编辑王理行、译者薛庆国及上海的诗人们：默默、郁郁、叶人、祁国、远村、叶青，以及美丽而年轻的女诗人梅花落。每个人都在询问自己的身体：你是一排浪吗？为什么要睡眠？睡眠，犹如蝙蝠的眼睛、坟墓的颈项。

这便是上海。五光十色谱成的音乐，由高楼大厦的乐队演奏。今非昔比。1980 年，我曾来过这里。我从它脸上读到：世界是如何重新创造的。那时候，天际听不到大洋的涛声，语言是羞怯的，几乎没有声响。

这便是上海。

资本无处不在，头上戴着一顶隐身帽。昔日的红砖房和旧街区，变成了林立高楼中的花园。人民广场的四周，便围坐着这些头顶玻璃纸帽子、如明星一般的高楼。而昔日，甘蔗倚靠在小店的墙壁上，如同行军后筋疲力尽的士兵；黑色的忧伤，似乎从把甘蔗自远方田野里运来的农夫臂膀上渗出。

我的胸中响起喧嚣声。

谁能够、谁知道告诉这喧声：请安静！

不，泡沫的制造不会将我诱惑，虽然它几乎成为这个时代的缩影。这是哪一朵玫瑰，把自己的身体委身给一张塑料的床榻？

然而，我正路过一枝莲花，我说服我的眼睛：

无论你走向何处，

菩萨，以女人的形象呈现，

岂不美哉！

1.

时代，

如同在意义的飓风中飞起的纸片。

2.

意义的源头，

有一双哭泣不停的眼睛。

3.

机械，在今天，

是半个男人，半个女人。

4.

云是一件撕破的衣裳，

苍穹的身体为此作证。

薄暮时分，黄浦江畔，水泥变成了一条丝带，连接着沥青与云彩，连接着东方的肚脐与西方的双唇。

金茂大厦正对天空朗诵自己的诗篇。雾霭，如同一袭透明的轻纱，从楼群的头顶垂下。天空叠足而坐，一只手搭在西藏的肩头，一只手搂着纽约的腰肢。

外滩人行道上，妇女们一个个闪亮而过，用她们的睫毛，抓住时间，狩猎距离的飞鸟。

我打量着，看宇宙之蛹如何破茧而出，如何在机械的周围伸展身子。而操纵这机械的，是一个并非来自现实，也非来自神话的神灵，它来自另一个创世的伤口，另一个幽冥的所在。

在天际，有一个声音在低语："人啊，你弯曲的脊梁，是劈开世界的另一道深渊。"

此刻，我可以道一声"再见"了，然后返回人民广场的国际饭店，将我的头埋进痛苦之被褥。这痛苦，如阿拉伯人一样，也如同宇宙——这个抽泣得几乎窒息的儿童——一样。

没有谕示。

然而，我略有伤感，因为机场安检不许我将一瓶中国墨汁带上飞机。

那么，我要向构成这墨汁、形成这华丽的黑色液体的一切元素致歉。

没有谕示。然而，生命一定要长有翅膀，翅膀一定要在语

言的怀中扑扇。可是，别了，上海，如果我未曾再一次将你造访，

我担心人们会说：

　　"他在这世上来了又去，却一无所见。"

　　纸，已在问题的墨汁中旅行，

　　墨汁，已在声音中旅行，

　　你呢，声音，你要前往何处旅行？

　　　　　　　　　　　　　　　　（薛庆国　译）

《桂花》节选[1]

〔叙利亚〕阿多尼斯

休止符

云朵，

用它的睫毛轻抚山巅的面孔。

云彩不愿离开山峦，

于是，它生活在持续的挣扎中，

1　长诗《桂花》记述了阿多尼斯 2018 年中国行，尤其是黄山之行的印象、感受和思考，全诗由 50 首相对独立的诗篇构成。这是其中部分诗作节选，选自译林出版社 2019 年出版的中文版《桂花》。

以便和自己的欲望和解。

诗人啊，在黄山，你无论朝向何方，

都会发现自己的脸庞留在画中。

画，是空气之手在光的画室留下的线条。

你问道：什么是真相？

朋友，这是一个死去的问题。

你该为自己的问题创造另一个摇篮。

你不妨去问：

在现代事物举行的婚礼上，

词语，为什么不再身穿礼服？

那些阅读天启预言的人们，

是在干竭的湖泊游泳。

为什么，在这里见不到一只蚂蚁在滚动星星？

我几乎要告诉我的忧伤：

那么，把我放开，快去加入

那既不前行也不驻步的驼队。

星辰是否真的居住在树梢上——

正如一棵叫做"天启"的老树所言?

并不完美的事物啊,

你便是完美的初始。

请告诉我,黄山!

这就是黄山,在我前方,在我目光的四周。

似乎,我是在云朵决定离开它的日子来到这里。

我是否只能想象山如何披戴云彩,

云彩如何在山的怀抱里辗转?

可是,黄山,请你告诉我:

如果云朵此刻倚靠在你肩头,

你的脑袋是否会如意念的神话所言,

脱离双肩扶摇而上？

不是为了做梦，而是为了匆匆探望散落天穹的家族成员。

而我，会不会变成一道影子，紧贴你的身躯，

越过一朵朵山花、一块块岩石，随你一起升腾？

我会不会请求我的影子，让它化身为一朵云彩，

汇入蓝色苍穹守护的飞行的湖泊？

那么，我的首要工作，会不会是会晤桂花树，

探寻那种芳香物质的究竟，

以及它的子嗣的未来？

请告诉我，树根：

这芳香物质是否也含有我的血脉？

请告诉我，树枝：

为什么月亮常把头颅遗忘在树叶之间？

请告诉我，花蕾：

为什么你的根柢把我拉向深处，

而你的芬芳又引我升入空中——

仿佛我在驾驭风的坐骑，

上上下下往返不息？

而你，树叶，

你是一则启示？是书写？是阅读？

抑或是这一切？

是的，我希望有一天回到黄山，

看它如何披戴云彩，它身披的衣裳是什么颜色？纽扣是什

么形状？

看云彩如何拥抱山的头颅；

或者，看山如何坐在云的膝盖上，

看雷电会有什么举动。

看山如何轻抚松柏的枝梢，把它变成一支支笔，

在簿册上记录随感，而那纸张，正在想象的风中翻卷。

我希望有一天回来，参与这场将童年和暮年一视同仁，

让云彩的大军和岩石的居室共同参与的游戏，

我要在一个风雨交加、电闪雷鸣的时刻，

向孔子提出几个思索已久的问题：

市场的法则、原子科学和诗歌之间是什么关系？

黑夜真的是白昼嘴里的一块骨头？

或者白昼是黑夜嘴里的一块骨头？

提问

黄山啊！对一面只能看见自己的镜子，你会说些什么？

诗歌啊！对于把超自然纳入怀抱的大自然——仿佛超自然是物质的最初皮肤——你会说些什么？

对于突破已有知识的知识，对于超越原初技艺的技艺，你会说些什么？

人的位置何在？在意义的旷野？在语言的爪间？

是的，据说软体动物也有了骨头，连灰烬都长出了脊柱。

我猜想，孔子、孟子、老子和他们的朋友比我更加了解，

如何用一根头发缝补天空，这根头发取自那个头颅，它曾经告诉世界——要"有"！于是，便有了这个世界——至今依然在成型的世界。

我有所归属吗?

黄色,黄色,黄色。

黄色,是否扎根于太阳之树? 是否萌发于云朵的蓓蕾?

抑或,它便是怀孕的自然?

群山雄踞于山上。从高空到低谷,在右侧的,是无边的右;在左侧的,是无边的左。

山——由众多的语言、代词、字母、连词、介词、问号组成;

山——宇宙的呐喊回响于山麓和顶峰,声响发自不同的元素,发自有形和无形事物的喉咙。

山与山重叠,创造了无数的直线、曲线、角度和各种各样的几何形状。

峰峦,深谷,洞穴,通道,山径,天际,一起与星辰相会,去安抚太空——

因为有传言:月亮将要破裂,时间,将会变成有关空间——堤坝、围墙和囚牢——的学问。

山,群星之山:由星辰中的父亲、母亲、儿子、祖父、恋人和情侣构成。

语言在此不敢造次,

词语害怕自己的字母。

身份便是罗网。而我，是一丝线缕，稍有动弹便会断开，一丝只系于自身、只为了进入自身而解开的线缕。

我有所归属吗？

我终将归属。但是，归属于哪里？归属于谁？如何、为什么归属？

安徽

安徽：

村庄与村庄间的路，是居民的步履，旅行者的翅膀。

季节改换着镜子，果实在光明的床榻辗转。

安徽：

村落是关于本真的辞典，是大自然写就的作品。

村落也长着手。它的用具，是树叶、流水、青草和各种植物；

就连不可能，也愿意在数量和品质上仿效这些植物。

然而，黄山被赋予阅读和书写季节的最高特权：

它几乎用整个身体来和季节嬉耍。

岩石也会结出果实。

如果你们有疑问，那就去问问黄山上的松柏。

休止符

太阳抓住空气的手，拄着拐杖；

天空的羊群在岩石间蹦跳。

在元素的炼丹术中有打开愿望的钥匙。

于是，诗篇，我以你的名义，从花的胸口取下一瓣花蕊。

我对一滴香水说：

请成为我的一滴墨水吧。

在每一块岩石的四周，

自然的墨水都在书写绿色的诗篇。

用你的眼睛——而非双脚——丈量道路。

——脚步如是说。

太阳如同一张红色的弓，弯腰向影子致意；

影子如同一袭黄色的纱巾，从太阳的肩头垂下。

植物将你模仿，

石头在复述你的话语。

空间，也是一种创造。

黄山上光与影的友谊是多么深厚，

双方都告诉对方：

你就是我，我就是你。

月亮，今天我只能陪你走上

寥寥可数的几步。

光为天空缝制一件

犹如夜晚的外衣。

休止符

今晚，月亮的身躯布满了刺青，

四周的星辰是欲望的园圃。

在死亡之书里，我读到生命；

在生命之书详尽的注解里，我读到死亡。

爱恋中的困惑，是不死之死，

死神已经死亡。

飞蛾造就了自己的死亡，

这恰是诗歌朦胧美的证据。

当美的双唇缄默，

眼睫便开始发声。

身体的诗歌是否就是诗歌的身体？

答案在于目标？

或是在于通往目标的道路？

光明只为一项工作而生：

张开双臂，炽燃不熄。

我试图仿效光明。

通常，夜晚写作，但不去阅读。

"我是作者，但我不是读者。"

永恒如是说。

我不喜欢来自高空的奇迹。

我喜欢的奇迹来自偶然，

如同迎面飞来的蝴蝶。

当寻常一再重复，这重复是否赋予它新的身份？

当新颖一再重复，这重复是否让它失去了身份？

天空，

是一切身体穿戴的衣裳。

它不适合任何身体，

也没有身体配得上它。

每一架梯子都伴随一个深渊。

这和人们的想象有所不同。

那么，请告诉我：你的梯子是什么？

我会说出什么是你的深渊。

诗篇开始向我发问。

难道，诗篇开始书写我吗？

我认为，

我的词语已经同意

——照着我眼中的样子，而非事物本身的样子——

言说事物；

那么，我是否可以告诉诗歌：

你言说的事物，比事物本身更加真实？

现实不是事物，也不是语言，

它是语言和事物之间的关系？

或者，语言啊，你在冥想时脱口而出：

话语的现实就是现实的话语？！

现实？

一片枯叶在攀登空气的山峰；

群鸟在进行比赛，

看哪一只鸟更加出色，

把鸟的双翼融入天际。

"你是否阅读过那个传奇——

关于我的蓓蕾如何储存了你的忧伤？"

——桂花树向他发问。

他说，仿佛他未曾听到问题：

我有一些属于"确信"的花园，

我有一些属于"疑惑"的高山。

不，能够和永恒之骨相连的，

只有它的对立物：时光之肉！

昨天，我脱下意义荆棘编织的衣裳，

换上玫瑰树编织的衣衫。

当我告诉身体：去到镜子前照照！

我打量镜子，却没有看到身体

——它已经弃我而逃，

去寻找另一个形体、另一件衣裳。

我想象自己记录随感，把它赠给屡次说过"我不是读者"的山峰。我手头还存有若干篇什：

1

树的绿色，在风的眼里是黄色。

2

我几乎能用手摸到

每天都攀登黄山的时光

身上渗出的汗水。

3

风对我说：

"这里的云中，

有你看不见的笼子；

只有我，

被囚禁笼中。"

4

云朵旅行时，

一定要怀揣一样东西：

雨之书。

5

尘埃的葬礼，

便是云的婚礼。

6

雨不是水的另一种形式，

雨是哭泣的另一种形式。

7

今天早上的晨光，

犹如太阳免费发放的香喷喷的面包；

太阳默不作声，

却在太空的额头描绘树的皱纹。

8

黄山致的迎宾词，

也正是它的送客词：

"成为独特的你，不要雷同！"

再见！

我和松树握手，我从桂花的唇间饮水。

此刻，在墨西哥城市蒙特雷，在以奥克塔维奥·帕斯、德里克·沃尔科特和其他诗人朋友命名的树木旁边，我写下这几行文字，想起了那棵以阿多尼斯命名的桂花树。

想起了以我名字命名的第一棵树，种在亚历山大的马其顿。

9

山与山结为兄弟，云与云你中有我。

是什么样的智慧，在肯定大地时抹杀天空，在肯定天空时抹杀大地？

是什么样的形式，犹如芳香拥抱空气的身体一样拥抱意义？

是什么样的神话，愿望在其中奔涌，犹如雨从一朵爱之云的双乳间涌出？

佛陀，一个宇宙的隐喻

先知之言脱离了天启的笼子，

天启脱离了先知之言的笼子。

有人询问佛陀：

当众先知获悉这些，他们会怎么办？

佛陀默默作答：

"天启，就是让你脱离天启。"

时代，世界：

各自都在对方的沼泽中腐烂。

佛陀第一次见我，给我留下慧言：

"把词语种在形象的水中，

犹如在意义的湖泊种植莲花。"

这个早晨，风的囊中塞满了尘土，

尘土塞满了已经无法行走的脚步。

飓风何时向田野致歉，

为它拔起了田野的树木？

无论我走到哪里，云彩总是与我相伴：

要么将我与道路隔离，

要么让我们浑然一体。

我不想进入影子的心中，

我宁愿在它的岸边周游。

迷人的色彩啊，你是徒劳的——

如果你想用沙子创造蝴蝶。

一个空间的夜晚执意问我：

请问，历史的蘑菇在哪里生长？

光为我留下一些地址，

以便我拜会它的朋友。

风嘲笑着说道：

最好还是把这些忘了。

佛陀让我懂得翅膀如何降生，

还让我见识了他憩息的床榻。

与我结为朋友、有时还留我夜宿的词语，

无非是窗户、门扇和道路。

用无止境，

我愿经常向我梦想的止境致意。

黄山的傍晚，

用芳香称量空气，

用黑夜称量芳香。

芳香的晚会开始。

受邀的树木悉数前来，

只有桂花树缺席，

哦，不，抱歉，它也到了——正在跨过门槛。

用芳香，

太空在清洗它的衣衫。

有时候，我未知的，

增加了我对已知的无知感。

在黄山的阴影下，

我想为几种精选的植物，

播下爱恋的种子；

想为迁徙的飞鸟，

雕刻石头的翅膀。

在黄山的天空，"不"这个字眼，

并不总是与"是"相对；

经常，这两者互为依存。

啊，完美无缺者！无论你身处何方，

你要做的，只是像操纵一群蚂蚁那样操纵世界。

晾在宇宙的绳索上，时光被晒干，

那绳索不过是一根根动脉和静脉。

难道有的人被创造，

只是为了成为阻挡黎明的壁垒？

只是为了推迟太阳的醒来？

然而，还有什么属于绝对的教条，

除了围着深渊旋转的卫星？

在黄山，常常能看到顶峰和深渊相互拥抱，

似乎地狱就是天堂，天堂就是地狱。

你会惊叹：

啊，真的，恐怖也有其迷人之美；

啊，真的，真的，天堂也有地狱般之美！

根据传说，李白，

曾经在这里的某个地方、某个角落，丢下一只鞋，

可是谁也不知丢在哪里。

毫无疑问，岩石也渴望溶化为泥水，

以便滋养那棵紧贴它、对它俯首的松树；

而附近，便是留下李白足迹的地方。

足迹！足迹！

不要问这是谁的足迹。

你该问：它说出了什么？它正在言说什么？

在此地，写作没有穷尽，

纸张不会破损。

黄山：艺术之山，独领风骚之山！

仿佛人类在和时光争先。他们来到此地，

雕刻了黄山，然后死去，

他们的凿子也被摔断，

以免有人仿效这手艺。

前来黄山的游客，无论你来自何方，请你路过碧山村，看看这里的先锋书局。还应该在五里村的"春满园"客栈逗留一夜，然后穿过竹林，向山麓的茶园招手，来到汤口附近。在这里，平原和大山媲美，石头的队列和树木的队列交相辉映。

另一种丝绸，另一条路

白昼是愿望的黑夜，黑夜是工作的白昼；
两者之间的身体，是另一种丝绸。

沙粒细小，
可是为什么，沙漠博大无边？

这些人、那些人，想要什么？
他们如刀剑那样工作，
他们如店铺那样思考。

忽视你的敌人，同情他；

如果失去对你的敌意，他会失去每日的食粮。

连他的名字都不必提及。

在他们眼睛的天空里，

旋转着一颗叫做"卑鄙的狡猾"的星辰。

可是，难道还存在一种"善良的狡猾"？

——你的琴声为什么不协调？

——为了更好地为这个世界谱曲。

——这本身就不是音乐行为。

你，井井有条，左右逢源；

他，我行我素，特立独行；

你八面驭风，

而他试图与玫瑰握手，

在芬芳中旅行，在花影里蔽荫。

在行走时，

应该把你的脏腑浸入愿望的源泉；

愿望，是存在的另一股水流。

在诗歌中，

史前是进入历史的一扇宽门。

自然之诗是迸发，

文化之诗是流淌。

啊，中国女性！

——云翳的队列，

被形式的雷霆环绕，

由意义的闪电引导。

一个男人——桂花的蓓蕾，

在愿望的田野绽放。

是的，我道出的所有智慧，

都被幻想照亮。

这位诗人真是奇怪：

他的名字衰老了，

他的身体依然年轻。

他把蝴蝶当作镜子，

他跳起太空的舞蹈。

所以，他终于确信天空也有一具尸体；

瞧，为了让自己更加确信，

他正在为那尸体把脉。

西方啊，你的光，为什么在跛行？

这个声音来自何方？

——它命令蓓蕾绽放，

让月亮永远洞开大门，

迎接花粉的盛宴。

宇宙的骷髅上有一个洞，

一个红洞，

那是深不见底的洞吗？

他的身躯没有影子，

尾随他的幻影，

亦非他以外的别人。

"有穷"是"无穷"之本？

抑或"无穷"是"有穷"之本？

就连"有穷"，也不会穷尽。

天文年鉴是世纪头颅的枕头。

你呢，你在哪里，天文的头颅？

至今，我仍然没有突破狼的大众对我的围困。

我将请求把我抛掷到这个世界的那位，向我伸出援手。

但愿这请求并不过分，

但愿应答不会拖延。

世界啊，你永远不会听到我、理解我，

除非你为耳朵戴上一只净音器，

除非你用心灵而非牙齿阅读我。

不，天穹！你不要试图和我交谈，

除非你把财富散发给天际的穷人，

除非你放弃准备好的诸多计划：

想让暮年提前来临，

想在同一只脚的前后步伐间砌起围墙，

想用哈德逊的名称称呼地中海，用大西洋称呼红海，

想让阿拉伯穆斯林变成西方门口游荡的乞丐。

不要对我重复太阳曾经重复的话语——

昨天，太阳对我说：等到明天，

明天，太阳又说：等明天过后！

我看见那些病人一个个死去，倒在丝绸之路，

他们刚刚来自天空建立、由天使管理的诊所。

他死了，

在他的生命开始之前——

这是连天使之毒本身也无法成就的死法！

苍蝇的大腿，

是饥饿蚂蚁的一场盛宴。

可是，丝绸之路，你在哪里？谁与你同行？谁行于你的道路？

谁携你而行？前往何处？如何前行？

啊，丝绸之路！

那个我们称之为"真理"的被期待者何时言说？

那么，难道是天空，在搓捻天使的绳索，

以便绞杀

高举翅膀的丝绸制成的旗帜，

在东方、西方、南方、北方

不断起义的群星？

朋友们，去随同你们的伴侣，随心所欲、信马由缰地漂泊吧！

而我，将要变身为一只鸟儿，乘坐云毯，伴随我的历史遨游。

我知道我的时代，不过是一只聪明的猴子

正沿着一架盲目的梯子，攀登存在的山岭。

真理？

那是天空的计谋，

却是大地的饰品；

它的摇篮，正在魔鬼的外衣下炮制。

杀手针对被害者提出诉讼，

受理案件的法官名叫"侵略"，

——这便是美国政治时代的宪法。

为诉讼作证的人们为数不少，

他们在非丝绸的道路上来来去去，

他们没有祖国，

除了脚下的尘土

和魔鬼的犄角。

桂花！

在它的周边，是另一些致力于传播芬芳的树友，

它们打开太阳的车门，礼待天际，

有时它们的树叶掉落，

有时它们弯腰，摇曳，起舞，

有时化身为门扇和钥匙，

有时如同灯盏一样照亮。

太空啊，说吧，你难道没有厌倦于阅读天空吗？

该是阅读你自己的时候了。

墙与人作对，它也是道路——

不过是通往猴子的道路。

雷电啊！我承认：

有一回，我帮助太阳，揭开它脸上云彩的面纱。

请求你再给我一次机会，

让我纠正我和阿拉伯语之间的这种暧昧关系。

是的，在西方文明这具身躯上，有一种腐蚀其骨头的病毒。

甚至西方文明这一称谓，也要发生改变。

如今，它正被捆绑在一间有着五堵墙的狭小居室里：

HA，DA，A，RA，TU。[1]

新的思想开始在夜晚降生，然而，一到黎明，这些思想就被迫自杀。

人们一致认为，其中原因并不在于阿拉伯古人说过的名言：

"黑夜的话语，被白昼抹去。"

那么，原因到底何在？

佛陀，

你真的知道答案吗？

我有一位夜晚朋友，它执意离我而去。

我有一位白昼敌人，它决心捐弃敌意，与我交好。

对于这个时代，我该赞美，还是咒骂？

似乎太空是一根会涂画的羽毛，但它涂画的只是它自身。

---

1 原文为阿拉伯语"文明"这个单词的五个字母，译文根据其读音改写成拉丁字母。

天空穿上了一件新衣，

从上面，遮起了肚子的下方，

在下面，遮起了一位飞行的守护天使的双脚。

在这位天使的辞典里，

一切守护都是某种形式的灭绝。

"人之前"的一切，依然在出动大军，以制定"人之后"

的一切。

这是纸张的乐队，在吞噬词语的交响乐。

休止符

未来发誓要在黄山建一所宅院，

用以招待前来的宾客和恋人，

桂花树已准备好成为它的伴侣。

一切都在等风的来临，

指挥乐队奏响相会的乐曲。

水开始书写在田野劳作的农夫的备忘录，并特许我发表其

中的若干片段：

1

思想咀嚼事物，

诗歌哺育事物。

2

为什么，黄山看起来犹如一只嗅闻天空的鼻子？

3

时代，

犹如灰烬占领的无边的地表。

——这便是呈现在

黄山眼里的世界。

4

诗歌，可是一只飞鸟，

拖曳着一片

盛纳于刻意隐身的金盘里的汪洋？

诗歌，可是一株莲花，

在银河的港湾沉浮？

5

不，这位诗人并未游遍中国；

是的，他只了解中国的点点滴滴。

他了解的中国，不是线条的纵横，

而是光的迸发。

6

是"无穷"，在款待我们的双脚和双手吗？

在这里，"无穷"的波浪如何被引领？

又被引往何方？

7

窗户：一双双翅膀。

梦想：一群群羚羊和骏马。

8

有朝一日树木会成为墨汁，花儿会成为词语。

有朝一日风会称呼岩石："啊，我的亲人！"

9

一个幻影经过，向我问候：

"也许，我们更应该攀登山的绝壁，

而不是沿着天空之梯下坠。"

10

有时候，有必要面对着一朵云坐下，

跟它作一番交谈，哪怕只是窃窃私语。

11

山顶啊，

我把呼吸作为纱巾，搭在你的肩头；

我把喘息作为衬衣，系在你的腰际。

12

为什么，这里的"绝对"对我表示：

它喜欢加入"相对"的队伍？

魅力

啊，当我行走在想象的丝绸之路，我希望能用我的睫毛，

拂去积落在爱的胸膛的灰尘。

我希望能伴随月亮旋转，以看到地球的全貌；我要摘一朵

最美的花朵，向母性致敬。

我希望能在西方朝向东方的脚步，和东方朝向西方的脚步

之间，建立永久的和平。

我想象我离别中国，行走在丝绸之路上。

我看太阳如何把离别转化为相会；

我看太空如何向银河下的过客张开怀抱；

我看太阳周围的星球如何像群马一样嘶鸣，

如何身着红衣，被波浪一样的缰绳牵引驰骋。

我看雨浇灌土地，吮吸云朵。

我看我自己以翅膀为荫，和迁徙的飞鸟分享食物和饮水。

我在梦中漂泊，仿佛要把一颗星置于夜晚的盘中，

但愿愿望的洪水把它冲散，分发给缺少光明的人们。

你呀，我的睿智的疯狂！我如何增加你的睿智和疯狂？

我如何说服闪电，在这个夜晚跳起雷霆的舞蹈？

我想起以我命名的第三棵树——桂花树，我希望想象中的树根，礼待那些生发于我的故乡村庄的思想。我出生于那个村庄的青草和水泽之间，在滋养了阿拉伯语肝脏的空气中成长。

我听到树根微笑着答应。

那么，就让中国和阿拉伯气候中的一切相似和差异，尤其是黄山和桑宁山[1]的空气，相聚相拥，和而不同，共同组成由艺术指挥的友谊乐队，由友谊指挥的艺术乐队。

（薛庆国　译）

1　桑宁山：位于黎巴嫩西部的山脉，是黎巴嫩境内许多河流的发源地。

致中国读者的信

〔埃及〕纳瓦勒·赛阿达维 [1]

三年前的今天，2011 年 1 月 25 日，埃及人民揭竿而起，要求推翻腐败的政府。那个政府已经统治埃及 40 多个年头，仰赖外国援助坐吃山空，简直把埃及变成了美国殖民地，民不聊生，失业率居高不下，疾病横行，大众闭目塞听。而那时掀起的埃及革命也自然遭到了重重打压，外有殖民势力（美国、以色列、欧洲），内有旧体制和塞莱非耶派的宗教极端势力，诸如穆斯林兄弟会。可是，历史的经验却让我们坚信，只要人民心怀生存的意志，就无疑能冲破所谓命运的枷锁，天上地下

1　纳瓦勒·赛阿达维（1931—2021）：埃及著名的作家、医生、社会活动家，埃及乃至阿拉伯世界女性主义运动的旗手。曾于 2014 年访华。本文是她为 2014 年第 4 期《世界文学》刊载的《赛阿达维作品小辑》而作。

各路神仙都阻挡不住。

2014 年 9 月，我将生平第一次访问中国。小时候，我时常幻想这个神奇的国度，还记得在小学的课堂上，老师告诉我们说，中国人民和我们埃及人民一样了不起，中国的古代文明跟我们埃及的古文明不相上下：他们聪明地发现可以借助蚕这种小虫子制造精美的丝绸，还修建了宏伟的万里长城。我当时就想，中国的长城有多高呢，比我们埃及的胡夫金字塔还高吗？中国人一定是怕那些会织丝绸的小虫子们爬到其他国家去，才修长城的吧！下课了我回家一说，父亲不禁捧腹大笑，我幼稚可笑的想法也得到了修正。

一晃 70 多年过去了，今天受《世界文学》杂志之邀，能有机会给中国读者写这封信，我非常高兴。我得知，《世界文学》于 1953 年创刊，是为了纪念中国作家鲁迅先生。而鲁迅先生早年弃医从文，因为他深信，开启人们的理性、根除愚昧，远比开启人们的腹腔、根除疾病来得重要。20 世纪 50 年代，我在开罗大学医学院就读时，也有过和鲁迅先生相似的想法，想要弃医从文。可是我父亲却不同意，他说："尽量两者兼顾吧！做个医生，还能免费给我和你母亲治治病，多好。更何况，我们国家作家的处境你也知道，不是穷困潦倒，就是身陷囹圄。"

然而我的父母都过早地故去了（分别在 1958、1959 年），可惜他们没能看到，女儿的确医学和文学两者都没有放弃；也幸好他们没有看到，女儿果然在 1981 年被捕入狱，饥寒交迫，受尽凌辱。在过去的几十年里，只要你胆敢反对政府，不管是医生还是作家，通通要关进埃及的监狱；更何况，我还是个又行医又写书、离经叛道的女人。

去年，中国姑娘牛子牧来开罗拜访我，见到她我很高兴，得知她还计划把我的一些作品翻译成中文，我就更高兴了。我的作品虽然已经有了世界上大部分语言的译本，却至今没有汉译，这一直是我的一大遗憾。我觉得埃及和中国两国之间，无论是在远古还是现代，都颇有渊源：我们都曾经是古文明的建造者，而在当今，甚至未来，我们又不断缔结着密切的文化联系。

在过去的几年中，曾有过若干位中国男女青年来我的开罗寓所做客，和我相谈甚欢。我们说起，在世界近现代历史上，中国是率先掀起社会主义革命的几个国家之一，而社会主义革命的目标，就是对抗欺压穷人和女性的父权阶级制度，虽然这一制度伴随奴隶制的产生而创立，统治全世界已达数千年之久。

我行医的经历，特别是我在埃及乡村行医的经历，让我痛心地发现，古代奴隶制的残余在埃及社会依然根深蒂固，比如说双重标准的道德观念，还有一种打着维护道德和贞洁的旗号、残害初生男婴和幼小女童身体的外科手术，称作"割礼"。这种手术有时会导致受害幼童失血身亡，给幸存者带去诸多健康隐患，造成恶劣的社会影响。此手术无论对男女受术者均有害无益，而对女性受术者的危害尤其巨大。

而我作家的身份，又让我得以把这类陋习的危害公之于众，通过著作告诉埃及国内外几百万的读者。20 世纪 60 年代到 80 年代初，我还曾参与编辑一些杂志，如《健康》《医生工会》和《努恩[1]》，后者是总部设在开罗的阿拉伯妇女联合协会的刊物。

可是，连续数届的埃及政府（萨达特、穆巴拉克在位的 1980 至 2011 年间）却强行制止了我的这些活动，没收了《健康》和《努恩》二刊，关闭了阿拉伯妇女联合协会，我本人也被免除了卫生部的公职，并以叛教的罪名被告上宗教法庭，名列数个黑名单，不得不流亡国外数年。而这些，无论在我的国家还是世界其他国家，都只是千千万万敢于创作、勇于反抗之有识之士不可避免的共同经历。

流亡期间，我在世界各地的高校教授"反抗与创作"课程。

1　　"努恩"是阿拉伯语字母表第 25 个字母的读法，该字母在阿拉伯语中常用作表示阴性复数的标志，故有时被用作对女性的指代。

创作是会导向反抗和革命的，翘首盼望了 70 多年，我终于有幸在晚年见证了埃及 2011 年的革命。我也曾有幸在纽约、伦敦、巴黎、雅典、罗马、巴塞罗那，和世界其他国家的人们一同走在群众游行的队伍中，就像我亲身体验阿拉伯革命一样。

我们生活在同一个世界（而不是三个），它依然受制于父权阶级观念，只是这些观念常常假借宗教之名。而埃及人民现在致力于实现的，就是建立一个文明的新秩序，实现革命的目标——公正、自由、尊严，人民无所谓性别、宗教信仰、阶级和种族各种差异，一律平等。

希望总是能给我带来力量和喜悦，我从不放弃乐观，我坚信明天会更好，无论在埃及、中国，还是全世界。

2014 年 1 月 25 日于开罗

（牛子牧、薛庆国　译）

中国女孩和文化的革命 [1]

〔埃及〕纳瓦勒·赛阿达维

　　我终于亲眼看到了长城，用手摸到了它。记得小时候读到长城时，我便在脑海中描摹着它的样子，当时以为修建长城是为了防止产丝的蚕爬出中国。长城盛名远播，当之无愧。跟吉萨的大金字塔一样，长城也是人类的七大奇迹之一。

　　长城是在两千年前建于群山之巅，从东到西绵延不绝，长达三千多公里，当时长城是为了抵御外敌入侵，但自战机发明以后，便成了旅游景点，吸引了全世界无数游客前来观光，为中国创造了客观的收入。

　　只有先爬台阶，才能到达长城，对于年逾八十的我，台阶

1　本文刊载于 2014 年 10 月 1 日埃及《金字塔报》。

似乎没有尽头。随后坐缆车上山，在崇山峻岭中不断上升，直到我能摸到长城，摸到天空。

2014年9月北京的最后一周，天空是灰色的，有点像开罗的天空。和开罗一样，北京的人口也很多，大多数都是青年男女。他们步履匆匆，背包在肩上一上一下地颠动着，无论步行还是骑车，他们都似乎脚下生风。男女青年没有区别。在国家法律和家庭观念里，中国妇女在工作和生活中都和男人一视同仁。然而，正如北京外国语大学教授薛庆国所说，这种平等只是在中国的文化变革后才得以实现。

薛教授的阿拉伯文名字是"白萨姆"，根据阿拉伯学院的惯例，每个师生都有个阿文名字。薛教授陪我游览了长城，同行的还有孟炳君老师，她的阿文名字是"扎赫拉"，她和学院的很多师生一样，也讲一口流利的阿拉伯文普通话。我问薛教授，何为真正的文化的革命。他说1919年的五四运动称得上一场真正的革命。五四运动重新解读了中国的传统文化，取其精华，去其糟粕。鲁迅及其志同道合者都倡导和支持这次革命。真正的文化革命是要重新解读传统遗产，不再把人分成三六九等，反对将孔子神圣化，批判君权神授之说，将中国人民从神灵和恶魔的摆布中拯救出来，不再依附于任何外国。因此，中国成为自己的主人，在经济生产、文化思想、科技发明和文艺创作各个方面实现了独立自主，并实现了男女平等，而这是民族崛起的根本。

真正的崛起单靠经济和法律是不够的，而是要实现社会、政治、组织、文化、艺术、教育、道德等各个领域的全面崛起。中国的道德价值观不是源自某一特定宗教，而是本着崇高的人文主义原则，比如诚实守信、自由平等、公正勇敢、敬业友爱、向往和平，等等。

在一次与中国作家和评论家的座谈中，我发现他们对阿拉伯和埃及文学的了解远比我想象中的多。他们翻译了很多阿拉伯小说，其中也包括埃及小说。我的中篇小说《周而复始的歌》有了中文版，我的一些短篇小说如《天堂里没有她的位置》也被译成中文。著名文学评论家唐晓渡谈起《周而复始的歌》时滔滔不绝，说他怀着极大兴趣读完这部作品，感觉像是他自己在梦乡里写出来的。曹彭龄先生和他夫人章谊早在1988年就把我的小说《零点女人》译成了中文。高兴担任主编的《世界文学》在2014年的最近一期杂志上刊登了我的作品专辑，其中收入几篇短篇小说和中篇小说《周而复始的歌》的全文，以及关于我的文学创作的评论文章。

初次来中国，我竟发现比起埃及国内我在这里更受欢迎，我明白了国内的专制制度是如何埋没创作者的作品，荣誉总是青睐那些两面三刀之人。

那个名叫"瓦哈"（牛子牧）的中国女学生是我此次来访的起因，她的博士论文主要研究我的文学作品，题目是《笔与手术刀》。她一年前来我开罗家中拜访我，她从 18 岁起就开始阅读我的作品，仅仅 10 年，读遍我所有发表过的著作和文章，以及世界各国关于我的研究类著作。这个瘦弱的中国女孩为此付出了巨大的努力，她自己在叛逆、斗争和创作中，也有着钢铁般坚强的意志。她伸开双臂抱着我说："我毕生的梦想就是能见您一面！"

（李珮、薛庆国　译）

埃及和中国的文化革命 [1]

〔埃及〕纳瓦勒·赛阿达维

中国是如何在过去的 40 年里崛起的，从一个发展中国家一跃成为世界强国？中国已经可以和美国匹敌，甚至向美国提供援助使其摆脱金融危机，同时断然拒绝美国干涉其内政，并打着民主的幌子，却利用香港的游行打压和阻碍中国崛起。这其中原因何在？

2014 年 9 月 25 日，我在北京外国语大学和师生展开座谈，当时香港的游行正在爆发，大厅中没有人怀疑，中国可以单独处理好自己的问题；美国或其他国家试图把自己的意愿强加到中国人身上，这不会得逞。

---

1 本文刊载于 2014 年 10 月 15 日埃及《金字塔报》。

想想我们的国家，我们也曾为了尊严和独立，高昂起头颅，那是 1956 年，我们赶走了英国殖民者，实现了苏伊士运河的国有化，经济和文化开始复苏。但这一运动浮于表面，未能动摇落后和依附外国的社会根基，不敢深入触及一些消极的传统价值观，例如屈从于国家和家庭中的专制，对外来殖民势力言听计从，歧视女性和穷人。因此，埃及在 1967 年"六五"战争中惨败，在此后的 40 年中，一蹶不振，接二连三地受挫。宗教团体和外部势力的控制愈演愈烈，经济和教育形势恶化，世风日下。埃及制造业疲弱，消费品严重依赖进口，腐败盛行。穷人更加潦倒，女人遭到更多的压迫，女性孩童被迫戴上头巾，女青年为了钱财被许配给老头子。直到 2011 年 1 月和 2013 年 6 月先后爆发的两场革命，我们开始拒绝政治和宗教压迫，反对美国的控制及其虚伪的援助。但是，殖民者并没有停止扶持那些破坏我们的恐怖主义势力，包括拥有核武器的犹太国家以色列，以及各种武装组织。

我问在场的师生，中国是如何实现复兴和独立的？

他们回答说，得益于文化的革命，因为政治经济革命，若无重构传统价值观的文化革命做支撑，便注定失败，势必会有一个更加专制的统治力量上台，打压革命和革命者。自奴隶社会开始，历史上根深蒂固的旧制度都站在人民革命的对立面；因此，人民革命必须伴之于文化和教育的革命，来动摇男权社会的根基。

在中国，宗教和文化遗产中的一些消极价值观得以清除，这些消极的旧传统打着圣人孔子的幌子，打压女性和穷人。

孔子出生于公元前 551 年。对于中国人而言，孔子类似于其他国家的基督和先知们，但他和许多古代先哲一样，也未能摆脱父权社会价值观的影响。

中国的五四新文化运动让孔子走下神坛，抨击君权神授之说。之前的中国人是奴隶，女人则是奴隶的奴隶，女婴会因为自己的性别被杀害。为了使女性屈服和顺从，女子年少时就要缠足再穿上弓鞋，从此步履维艰，以此养成她们对主人——丈夫、父亲或神明的顶礼膜拜。

现在我只有在博物馆才能看到这种鞋，中国妇女已经从奴役中解放，摆脱了扭曲的性别观、畸形的审美，以及比劣行更为恶劣的"妇德"。文化的革命消除了双重的道德观，摆脱了外国殖民势力。国家的法律和家庭观念都要求男女平等。中国男人，哪怕位高权重，也不能因为情欲而破坏家庭；中国女人不必戴着头纱，视自己的脸部为羞体。一个国家如果一半人都是愚昧的屈从者，就无法实现独立和复兴。

我们埃及的教育和思想依旧受制于双重的价值观和理念。女性就算可以露出脸，也得戴着头巾。两次革命后，我们的国家依旧举步不前，是独立还是依附他国？是接受还是拒绝美国援助？是去除还是保留传统文化中的糟粕？我们还在犹豫不决。

埃及有一大批教法学家和政客，打着防止渎神和叛教的旗号，限制思想和创作自由。我们的文化还没有摆脱对女性的歧视，比如对男人最大的侮辱就是骂他是个"女人"。"革命诗人"纳吉布·沙鲁尔在一首诗中，将胆小的以色列敌人比作"来月经的女人"。可见，唯有进行一场文化和道德的革命，我们才能实现真正的复兴。

（胡杨、薛庆国 译）

文化的革命和你的妻子 [1]

〔埃及〕纳瓦勒·赛阿达维

2014 年 9 月，我在中国访问期间，有人问我如何定义文化的革命，我说我不相信任何定义。作为一名医生和作家，我认为当医生和批评家不再忙于下定义时，健康和小说便出现或诞生了。同样，当伟大的文化的革命开始时，有关孔子、释迦牟尼、马克思、圣雄甘地、尼赫鲁、铁托和阿卜杜·纳赛尔等伟大的领袖和哲学家的定义统统作废。

而文化的革命始于何时呢？

我的回答：是当你早晨起床，不再使唤你的妻子为你做早餐、熨衣服时。听众们听了大笑。蓝蓝站起来表示同意，她

1　本文刊载于 2014 年 10 月 29 日埃及《金字塔报》。

是中国很有名望的女诗人。我说：男人们在自己的个人生活中很难意识到这一事实。你的妻子像你一样在外工作，你为何不能像她一样在家做家务呢？你也许会骗她说自己在开会，事实上却在家里做事；又或许你骗她说正在开会，事实上却和情人待在一起。试想一下，如果她也这么骗你，那会发生什么？

文化的革命始于男女自我意识的苏醒，有意去改变记忆中的情感定式，改变个人的想象、思维方式和双重行为，无论家里家外都正直而诚信，而非表里不一，两面三刀。

诗人蓝蓝的一番话让我想起了历史上的女性和奴隶革命，以及我 50 年来出版的各种书籍，同时也想起全世界女性为推翻父权制度作出的努力。父权制度涉及政治、经济、社会、文化和道德等各个领域，国家的统治者向人民灌输一种思想，即父权制度是神圣而坚不可摧的，并非人定而可以更改的。为推翻这一制度，无数妇女和奴隶抛洒了鲜血，却成效甚微。我在北京的时候，和许多中国作家、诗人、大学师生有过对话交流。他们告诉我：

"我们的革命不是从毛泽东开始的，而是始于反对英法入侵者的起义，这场起义为 1919 年的五四运动开辟了道路。

五四运动按照鲁迅的观点，重新解读了我们的传统文化，并为毛泽东领导的革命打下基础。后来，邓小平进一步发展了毛泽东的思想，于1978年开始了改革开放。他曾说，不管黑猫白猫，抓住老鼠就是好猫。我们遵循中国特色社会主义原则，实现了国家独立，在政治、经济、社会、文化和道德各个领域都取得了进步。对于传统文化，去其糟粕，取其精华并加以发扬。国家与家庭尊重女性，实现了男女的全面平等。国家不崇拜神灵亦无国教。孔子本人也不信奉神灵。当被问及后世时，孔子曾说：'未知生，焉知死。'

"新文化的革命破除了皇权神圣的观念，寺庙被改成博物馆，君权神授的桎梏被打破。男男女女开始大胆自由地思考，打破枷锁，批判已深深扎根在中国人潜意识、想象和思维中的奴性。消除歧视女性和劳动者的陈腐观念，树立一种建立在人道主义基础上的新价值观，提倡公正、诚实、守信、自由、平等，无论国民的性别、信仰和意识形态，皆享有同样的尊严。在中国，不存在宗教的权威，宪法就是我们的最高权威，并且与时俱进，可以不断完善。

"毛泽东时期实行的社会主义在经济发展方面成效有限。

"新文化的革命涉及社会各个阶层，使生活的方方面面都焕然一新，结束了中国与世隔绝的状态。我们没有牺牲家庭和国家中的社会公平，让市场和资本家牟取不义之财。在城乡居民共同参与生产和消费的进程中，实现了经济发展。我们的发展议程，是根据自身需要制定的，而不是根据世界银行和资本主义国家的发号施令制定的。农业、工业、科技领域都实现了自力更生。我们兼顾国营和私营企业，兼顾经济、文化、社会、技术和道德的发展。真正的崛起是一场面面俱到、兼容并蓄的文明复兴，它不是靠改变政治制度，或是依赖国外的援助来实现，我们以独立自主为基础，与别国开展平等公正的往来。"

由此，我想到了埃及在两场革命后[1]经历的阵痛。我们的思维、想象、情感定式、道德观没有得到改变。社会上各个领域不进反退。来自国内外的压迫愈演愈烈，父权和宗教的阶级势力猖獗，性别迫害和经济压榨加剧。表里不一、道貌岸然者数不胜数。男人以父威和男子气为名，变本加厉地在家庭内实行专权，以"教法离婚"为由，将不知情的妻子赶出家门，随后再娶二妻、三妻、四妻。以神定的教法为名，将女性的头部

1　两场革命分别指 2011 年 1 月 25 日开始埃及爆发的推翻时任总统穆巴拉克统治的革命，以及 2013 年 6 月 30 日爆发的要求时任总统穆尔西下台的革命。

判为羞体，打着个人自由的幌子，迫使绝大多数女性戴上头巾，一些女性还被蒙上了面罩。

（胡杨、薛庆国　译）

哪怕远在中国

〔伊拉克〕萨迪·优素福[1]

今年 10 月初，我就要到中国去了！我会赶上中华人民共和国 60 周年国庆，在这里，世界四分之一的人口在红旗下生活。还有别的原因吗？有。我要去签售我的中文版诗选（没错，就是这样）。翻译诗选的是我的朋友倪联斌，他对我说："北京到时会挤满了庆祝者和客人。"那么，我就是庆祝节日的人们之一。我不会把自己当作客人，因为我曾为红旗献出了自己的一生。

1　萨迪·优素福（1934—2021）：伊拉克著名诗人，早年曾加入伊拉克共产党。曾于 2009 年访华。本文选自其个人博客（http://www.saadiyousif. com/new/index.php?option=com_content&view=article&id=828%3A--- &catid=19%3A---&Itemid=28）。

　　我是缘何要去中国的呢？

　　倪联斌，商人，中国式的商人。90年代中期，他在约旦首都安曼经商，我们就在那里相识，后来又见了多次，互相拜访了很多次。但我因为一些令人遗憾的个人原因离开约旦去了英国。我的这位中国朋友和他在安曼的熟人都保持着联系，他依然询问我的情况。他找到了我的地址，电子邮箱地址，就这样，访问的念头萌生出来。如今，这个梦想实现了。我要到中国去，我与它还有另一段渊源。1960年，在巴格达，我和朋友陶菲克·卡兹姆一起翻译了陆定一的《百花齐放》一书。70年代中期，我和哈迪·阿莱维、卡兹姆·萨马维一起收到中方邀请，去中国首都的阿拉伯研究中心工作。哈迪·阿莱维本不想去，当时在中国的杰拉勒·哈乃菲先生把他说服了。中国驻伊拉克大使请我们到他的住所共进晚饭，那是一顿百分百的中餐，白酒一路烧到我的嗓子眼！哈迪·阿莱维和卡兹姆·萨马维去了中国，我没有去，因为有些犹豫，其中一个原因是我与巴格达久别，刚刚回来，想再多品味一下这里。他们两人到中国住了约有10年！现在我要去了，和我同行的有同样第一次去中国的乔安娜，要说她在中国有什么经历，不过是去新西兰时曾经在香港转机。到时我会带着我的六卷本诗集，把它作为礼物送给北京外国语大学阿拉伯语系。在中国会举办好几场诗会，我会与许多诗人见面，会在这个东方升起红太阳的国度旅行。

伦敦，2009 年 9 月 27 日

（韩誉、薛庆国　译）

三座城市，三个星期，在中国

〔伊拉克〕萨迪·优素福[1]

在中国，一切都是中国特色！

2009 年 10 月 3 日，我和乔安娜从伦敦希思罗机场出发，乘上去往中国首都北京的飞机。

这个月的 1 号，那里刚刚举办了庆祝中华人民共和国成立 60 周年的盛典；60 年前，毛泽东同志站在天安门城楼，宣布了这一个人间奇迹的诞生。

但我们现在是在法国飞机上，它要先在戴高乐机场停留个把小时，然后直飞遥远的中国首都北京。

1　本文依据安曼亚祖里学术出版社 2011 年出版的《三座城市，三个星期，在中国》翻译。

我去中国，从个人来说，是为了拜访一位在约旦首都安曼结识的中国朋友。

他，爱德华，或者叫倪联斌，会在北京国际机场的 2 号航站楼等着我。

十年未见，我还能认出他吗？

伴着流淌的红酒（我们是在法国），我的疑问愈发大了，乔安娜安慰我说中国人很聪明，那里的画家画的肖像非常精细。那么，这就不过是技术问题了！没什么可担心的！

总之，飞机在次日早晨，也就是 10 月 4 日抵达了目的地。也许应该说是清晨，我不确定。机场的手续并不复杂，很正常。乔安娜作为英国人接受了检查，但也并不麻烦。我们各自带着不重的行李箱，走到了机场出口……

在出口处的栏杆对面，有个年轻人似乎在灿烂地微笑着。我扫视着一张张面孔，忽然听到我的名字。循声望去，只见那微笑着的年轻人朝我走来。我的天啊！这是爱德华吗？他看起来更年轻了，脸上更透出童年的光芒！

难道是伟大的祖国带给了他双倍的青春？

爱德华在安曼的时候看起来可没这么年轻。

这是一个晴空万里的早晨，我们早早地到达了首都北京。

爱德华的慷慨像潮水一样，他说：我们去餐厅（指的是机场的餐厅）用餐！可以来点小扁豆？可是中国没有小扁豆！

我们喝了某种汤，还吃了春卷。

他带着我们来到车库。所有的车都是崭新的，闪闪发亮，其中就有爱德华的丰田。后来我才知道，他是为了我们这次来中国而特意买的。

*

香山

那是环绕北京的群山中的一部分。

实际上，中国的首都在古代是一个理想的防守要冲。它是个内陆城市，但是离海不远，还有着天然屏障（山脉）和人工屏障（长城）。

香山是我们此行的第一处住所——香山脚下一家令人愉悦的饭店。

附近还有孙中山纪念堂，孙中山是现代中国的缔造者。

这里还是老百姓，尤其是首都居民的避暑地。

60 周年大庆的假期还没结束，因此我们真真切切地看到了香山公园的热闹景象。人们（大多数是年轻人）昂首阔步走在路上，欢欢喜喜，穿着鲜艳的服装。还有人在爬香山。

餐馆和茶馆。

烧烤。

还有卖首饰的人，其中有假货也有真货。

我说过香山的饭店"令人愉悦"。

它愉悦的秘密之一在于鸟儿。

清早，当"鸟儿还在巢中时"（就像我的祖先乌姆鲁勒·盖斯诗里说的那样），你就会听到一阵阵鸣叫：

"你好！"

"你好！"

仿佛中国的鸟儿也会说汉语一样！

多年以前，爱德华住在离上海不远的地方，但他在北京也有一处住宅。来中国旅行并不完全是个新的主意。我曾对他说："有什么不行的？我到北京来，住在你家，等你有时间就来陪我，我也不想耽误你工作！"

他给我回信说：

"但是你得知道，萨迪，在中国一切都是中国特色！

你要是出门散散步，又忘了回去的路，那就回不去了。

没人能给你指路，原因很简单：你不会说汉语，可是中国人只会汉语！"

*

这就是文化的力量

在饭店的咖啡厅，我有幸见到了两个人。第一个是仲跻昆教授，他是北京大学阿拉伯语系前主任，阿拉伯文学研究会现任会长。第二个是薛庆国教授，他是北京外国语大学阿拉伯语系主任，也是已故的哈迪·阿莱维的好友。

仲教授对我说："你说过曾于 60 年代初翻译陆定一的著作《百花齐放》。不对，那是你 1959 年发表的！"

真令人惊奇！这就是文化的力量！

让人感到他之前的努力没有白费！

就这样，在半个世纪之后，我与一位鼎鼎大名的中国教授共坐，其间他还谈到了我翻译的书。

薛教授送我一个皮质酒囊，它长得就像成吉思汗的皮盔，上面有两个犄角，里面装着蒙古白酒……

在我伦敦住所的客厅，我把"成吉思汗的头盔"悬挂起来，没有打开。

这也许是因为，开拓征战早已成了古老的传说。

我们五个人，爱德华、仲教授、薛教授、乔安娜，还有我，品着中国的茶，在我看来那茶没什么味道，也没什么颜色。我隔着咖啡厅的玻璃看到远处的山，仲教授说他曾经爬过那座山。

山依然远，仲教授依然在跋山涉水。

他正主持着一个了不起的项目：译介阿拉伯各个时期的400多位诗人的作品。

他回忆起"七一四"革命后伊拉克民间代表团访华的事。当时是他负责陪同这个代表团，团长是法迪勒·阿巴斯·马赫达维上校。

仲教授向我问起女诗人拉米阿·阿巴斯·阿玛拉，她曾经是伊拉克作协代表团的成员。我对他说：她现在住在美国的圣地亚哥，我在纽约时曾给她打电话长谈过一次。

中国人对朋友很忠诚。他们带着尊重回忆起许多人物：加伊卜·塔阿迈·法尔曼、阿卜杜勒·穆因·马鲁海、哈奈·米纳、杰拉勒·哈乃菲、哈迪·阿莱维，等等。

薛教授曾在大马士革生活过数年，他常常怀念沙姆地区[1]。

1 　沙姆地区，指近东叙利亚、黎巴嫩、约旦、巴勒斯坦一带。

他告诉我，北京外国语大学邀请我出席两场活动，一次是
与阿拉伯语系的学生座谈，一次是与系里的教师交流。

他没有确定会面的时间。

桌上摆着"成吉思汗的头盔"。

这头盔将一直保守着它的秘密。中国人，在任何情况下，
都不是一群嗜酒的人。

*

在中国怎么点餐呢？

我们会在香山的饭店住上两三天。爱德华觉得，在走进这
个巨型城市之前，我们应当稍微休整一下。

他开着他的新玩具——丰田，带着我们来到市中心的花园
饭店。实际上"市中心"这个说法并不准确，天安门和故宫（中
国古代皇帝的住所，电影《末代皇帝》的拍摄地）才是真正的
市中心。我们是在城市的一条主干道上，说近也近，说远也远。
地铁站离饭店不过几步之遥。

在我看来，花园饭店对于从全国各地来来往往的中产者来
说是个理想的住处。而对于我和乔安娜这两个异乡的鸟儿来说，

我们明显是得到了很好的款待。

早餐有许多种中国的食物，有各种各样的米饼、各种各样的豆制品。

而对我们两人来说，我们享用的是咖啡、豆浆、煎饼、鸡蛋。

我们的房间临着街。对面楼顶栖息着我们叫不上名字的鸟群，像松鸦又像鸽子，它们就像北京一样，从不睡觉。

道路安静了，但它们不睡。

花园饭店的一大优势，在于它离居民的各种生活设施很近，如咖啡馆、小店、药房，还有各种快餐店和中餐馆。

我们去了一家介于两者之间的餐馆。

小姑娘们围着我们，很开心地笑着。

我们怎么点菜呢？

我想起了爱德华的话：在中国，一切都是中国特色。

那就看图吧！

伊本·白图泰说：我们的肖像被画在纸上，挂在墙上。[1]

服务员拿来了菜单……

茄子、肉片、汤。

1　阿拉伯古代旅行家伊本·白图泰在其著名游记中，曾记载中国人善于画像，把一切外国人的肖像画好后挂在墙上，便于监督、管理。

我们喝什么呢？

乔安娜喝 4 度的中国产啤酒，我喝 38 度的白酒。

这里的菜只过几分钟就会端来。

小姑娘们一直殷勤地招待着、围着我们。

其中一人试着和乔安娜说她的中式英语，也许是英式汉语。

这里，又像餐厅，又像咖啡馆，是我们最喜欢的一个地方。

每次过来，我们都会受到超乎寻常的热情招待。

*

走进心灵

现在问题来了：我为什么到中国来？

诚然，是有个亲密的中国朋友邀请我们，是他把我的诗翻译成中文出版，而我将要签售这本书。后来，在大学、在诗歌俱乐部，我们确实这么做了。

但我来到中国，仅仅是被"中国"这个词吸引的。

马哈茂德·达尔维什 [1] 写道：

---

1 马哈茂德·达尔维什（1941—2010）：当代巴勒斯坦著名诗人。这两行诗来自他的长诗《贝鲁特》。

"我们就像我们的祖先

我们来到贝鲁特，就是为了来到贝鲁特……"

那么，我来到中国，就是为了来到中国……

我想看到一个不同的大陆，我要了解中国共产党是怎样将三分之一人类，提升到如此的境界。

我想要看看普通人，完完全全的普通人。他们本身其实就是生活。

我想尝尝他们吃的东西，喝他们喝的东西。

来到中国却把自己封在盒子里，有什么意义？

*

我说到我们住在花园饭店……

我们在清晨出门，漫无目的闲逛。

边走边看，努力记住那些能帮我们找到归路的地标。

北京，大到不能仅仅称为都市。

我可否管它叫"城市的城市"或"首都的首都"？

你走在一条街上，忽然间就有无数条街向你开放。你说：这里是个居民区，忽然间又见无数个居民区。

一张张面孔看起来也许颇为相近，但又彼此不同。

我们曾走进一家小店，或是一个小咖啡馆，或是在胡同一侧的卖饭菜和啤酒的小饭馆坐下。奇怪的是，每次迎接我们的都是满脸微笑，永远都是，我们能互相理解的语言只有一句问候："你好！你好！"

有时我们会在一个小馆子里待上两个多小时。普普通通的顾客们走了进来，出门时脸上增添了几分笑容。

街头的行人，向我们投来友善的眼光。

店里的老板，或老板娘，也总是和我们相视而笑。

生活，就是应该像这样过！

*

广场

这天我们来到天安门广场，宣布中华人民共和国成立的地方。

60周年的庆祝活动还在继续，人们拥向广场，就像走近梦想。

我们从花园饭店旁边的地铁站出发。地铁站中规中矩。北京的地铁却不逊于任何一个国家，这是我坐过的最好的地铁。

（纽约的地铁烂得出奇，就不提了）

每过一站，都有新的乘客上车。因为站的数量不少，所以乘客自然是不少了。

但是一切都要按中国标准衡量，于是地铁里挤满了乘客。奇迹在于，每一位乘客都找到了最好的位置，不推不搡。天安门站关闭，我们要提前一站下车，于是便下了车。

志愿者们手持喇叭疏导着奔涌的人流。终于，我们和别人一样，爬上了通往广场的大街。天哪！一个地方真的可以汇聚这么多人吗？但这个地方不应该说是一个地方，它是个被称为"长安街"的空间。极为宽阔，有车道、人行道。尽管如此，你会感觉自己好像还在地铁里！

我曾以为世界上没有比开罗阿塔巴广场更拥挤的地方。

但中国超出了一切排名！

同样，你还要想象一下，那一片集结的人群还要一个个通过安检机，才能进入广场！

乔安娜直说：Impossible!

但我们终于进入了广场……

这里没有任何广告。

老人、小孩全都举着买来的小国旗。还有人把国旗贴在脸上，就像球迷那样。

一面巨幅屏幕不断播放着宣传中国成就的影片。其中重点表现了 2008 年的奥运会。

在我伦敦寓所的厨房里，我依然保留着两面小小的红旗，那是我从天安门广场带回来的！红色的背景中有四颗小星，一颗大星，星是黄色的。

广场上没有检阅仪式。

它实际上更像一个公园，一个景点。孩子们欢笑着，情人们贴在一起。环卫工人不放过地上的任何一小片纸屑。

简直是西西弗斯的职业！

天安门广场绝不像红场那样……

北京也不是莫斯科。

*

俱乐部的诗人们

床上书连屋，阶前树拂云。

将军不好武，稚子总能文。

醒酒微风入，听诗静夜分。

缔衣挂萝薜，凉月白纷纷。

——中国诗人杜甫（712—770）

这个月 11 日，我们前往中国的诗歌俱乐部，去读诗，还要签售我的中文版诗集。

诗歌俱乐部所在的楼里还有小说俱乐部，另外有一家高档餐厅。

面积中等的大厅里摆满了座位，坐满了客人，我知道他们都是诗人和诗歌爱好者。

在我的文学生涯中，我还是第一次像在诗歌俱乐部里这样读诗。先后有 14 位诗人轮流朗诵了我诗歌的译作。每人读一首，每读完一首都有一次自由对话。

我努力地向在座的人们介绍阿拉伯诗歌以及它的发展和形式，至于介绍我自己还有我的诗歌，都不如这重要。

我还试着向他们介绍了美国占领下伊拉克的恶劣局势。

乔安娜也用她的母语英语朗读了两首诗，接着有人朗读这两首诗的中译文。

带到俱乐部的所有诗集都被购买一空。

晚会由薛庆国教授主持，此外他还主持了座谈会。

联斌（爱德华，诗集的翻译者）大受赞赏，人们的热情促使他朗诵了一首他自己的诗作。

当我的第二部中文版诗集出版时，我还会再来中国。里面大约收入 100 首诗。

我还会再来诗歌俱乐部重温这段时光。在这里，我知道了诗歌可以开启无数通道。

*

长城

第二天，是我们去看长城，或者说首都附近长城遗址的日子。

长城的故事说来话长。简而言之，它修筑于 2300 年前，也就是中国第一个皇帝秦始皇时期。长城的本来长度超过 5000 公里。

随着武器的发展，长城经历过翻新，上面建起了高台，装上了火炮。

始皇帝曾想保护统一的中国免受胡人的侵袭。

如今，修缮整整 5000 公里长城难以实现，但长城的遗址还是见证着意志、坚韧以及实现奇迹的雄心壮志。

我们乘火车前往长城。那天清早很冷，山风呼啸。

八达岭站，这里是长城的关口之一，也是我们前往长城的路径。

也许这是最好的一条路。

巴拉克·奥巴马游览长城就是在八达岭！

见识过天安门广场的人潮，再看长城石阶上挤满的上上下下的人们，我已经习以为常了。

长城在攀爬，长城带着它那些望不到尽头的烽火台在攀爬，人们也在攀爬……但那是去往何方？

在绝望的尝试中，我们都没有走过第二座烽火台。我在喘，我努力想显出神情自若的样子来，但是这种努力也失败了。那么，我们就该下山了，几千公里中，我们只走了几十米而已！

风越吹越急。我们躲进一个像咖啡馆的小店，但中国没有中东、北非那样的咖啡馆。中国有的是饭店文化。

我要了茶（一般没有咖啡），乔安娜也一样。爱德华和他的中国女伴要了一种清汤，和茶差不多，可以像喝茶一样喝！

长城的这片区域有许多小店，卖土产、玩偶、明信片，上面印着和长城有关或者无关的图片。

我们回到了火车站。

坐着同样的火车回到北京城区。

在中国，火车非常现代，非常舒适。甚至让你以为自己坐的是飞机，还是头等舱。

我回忆起从巴格达去往巴士拉的火车！

想起我们蜷缩在行李中间睡觉。

我想起自己曾多少次在同样的火车上，在巴士拉的火车上，蜷缩在木椅上旅行。

＊

阿拉伯语和中国的阿拉伯语爱好者们

这次旅行中，我有幸两次被邀请到北京外国语大学。

第一次是在 10 月 13 日，我与阿拉伯语系的学生们见面。

系楼门口贴着大幅海报，上面是我的照片，还写着：萨迪·优素福在北京（用了中阿两种语言）。

气氛很热烈。我朗读了自己的诗。

还听了同学们用汉语朗读我的诗。

一位女生用汉语读了我的诗《美国，美国》。读到一半，她失声哭了起来，情景感人至极，令我也眼含泪水。

其他学生也用阿拉伯语和汉语朗读了诗歌。

一位女生唱了费鲁兹[1]的歌。

之后是和同学们的自由对话。他们提了一些文化和政治方面的问题。

我们去吃晚饭，是在一间专为来华的贵宾准备的包厢，在一家著名的饭店。

中式的旋转餐桌一直在转，仲教授努力想让我好好享受它旋转的每一圈！

座椅是浅棕色的。

只有贵宾（也就是我）的座位是黑色的。

阿拉伯语系的一个老师问我如何预测伊拉克的未来。

我指了指自己的座位说："就像这座位的颜色！"

*

故宫及其他

故宫，看来是任何人造访北京的三个必去所在之一，另外两个地方是天安门广场和长城。

1　费鲁兹（1934—　），在阿拉伯世界家喻户晓的黎巴嫩女歌唱家。

一位阿拉伯语系的女生来到花园饭店，接我前往故宫。

在"末代皇帝"（我想起了在这里拍摄的那部电影）迁出之后，紫禁城不再是禁地，它现在向游客开放：门票 60 元，请进！

但进入故宫不意味着能看到里面的一切，尤其是在这国庆长假里，何况还赶上了 60 周年大庆。

和广场、长城完全一样，你置身于无边无际的人潮之中，他们从中国各地来到北京，想看看这里的一切，哪怕只是瞥上一眼。

你根本不知道该做什么。

故宫中最安静的地方就是嫔妃后宫了。

你会说：让我在这待一会吧！

让我看看这奇特的艺术，它把木头变成了由颜色、几何图形、花纹与意义一起参与的狂欢。

一些木制品经受时间的侵蚀，开始腐朽。但你坐在铁质阶梯上，环顾四周，让思绪远行……

后妃们的小脚摇曳着。

锦衣飘荡着。

光阴忽地落在你的额头，接着又远去了，一去不返地，灿烂地，就像安第斯山中的一只蝴蝶。

*

10 月 15 日，前往上海的前一天，是我在中央电视台录制节目的日子。

在游逛时，我曾路过中央电视台的大楼，我曾在心里嘀咕，首都怎么会有这么一幢怪异的建筑。这建筑完全不是中式的。我心想：它多像一幢俄式的大厦！

陪同我从花园饭店前来的中国女士说道：这是 50 年代的建筑，是苏联人修建的。[1]

难怪。

会面，或者说采访，持续了 30 分钟。我在伦敦时收看了这次采访。

采访是用阿拉伯语进行的。

我很高兴，中国给了我在中央电视台的荧幕上，为我被占领的祖国发声的机会。

---

1 2019 年萨迪访华时，中央电视台部分演播厅临时设在位于央视旧楼旁边的军事博物馆大楼内。

*

我在上海吗？

10月16日，我们乘飞机到了上海。

我们住的酒店，离有名的上海市大动脉、上海商贸和上海市民文雅的名片——南京路只有咫尺之遥。

在政治、文化记忆里，上海，或许比首都北京更容易令人想起。

上海，美国人、欧洲人盘踞的地方，英国人最早来到，那是在19世纪可耻的鸦片战争期间。

上海，革命的焦点，为中国提供了源源不断的抗争的能量。

上海，20世纪30年代在这里爆发的共产主义革命，曾被安德烈·马尔罗写在他伟大的小说《人的命运》中。

晚上，经过在酒店的短暂休息，我们与这里的诗人们见面的时候到了。其中为首的是《上海诗人》杂志的主编。

我在春蕾大酒店附近的饭店与诗人们相会，他们是中国现代诗歌中颇有影响力的精英，他们丰富了中国诗歌，并做了许多开放的尝试。

他们为组织一场非政府的诗歌聚会而自豪。他们通过翻译，

将中国新诗歌的声音传播到全世界，与许多欧洲出版社签约，
这确实值得为之自豪。

＊

我对爱德华说：

"亲爱的爱德华……我想看看老海关大楼，还有鸦片战争
后侵略者修建的教堂，还有其他出现在《人的命运》里的地方。"

他说："好的。"

但他没带我去。

我一再央求，他终于说："那我们就去吧！"

我们坐了出租车。整片区域都围上了墙，进不去。发展一
刻不停，老上海的面貌将被抹去！

可以说，上海的摩天大楼比纽约更甚！

乔安娜对我说："伦敦在上海面前就是个侏儒。"

她说这话时，我们正在伦敦的商贸区，这里有最高的楼。

＊

通过我掌握的各种语言，我读了不少中国诗歌及与之相关
的材料。我发现，如果除去那些侨居海外的中国诗人，上海的
诗歌运动代表着中国现代诗歌革新的巅峰。

在先锋诗体和传统诗体之间，在诗歌艺术评论的立场方面，

一直有着激烈的争论。

流亡诗人，和其他国家的流亡诗人一样，一直被囚于一种不可能状态之中。

诗人多多的《阿姆斯特丹的河流》是这方面的一个例子：

我关上窗子，也没有用

河流倒流

……

秋雨过后

那爬满蜗牛的屋顶

——我的祖国

从阿姆斯特丹的河流上，缓缓驶过……

中国诗歌中的反叛，有时会表现为选择一种令人震惊、违反常理习俗的方式。

伊沙的《车过黄河》适合做这方面的例子：

列车经过黄河

我正在厕所小便

我深知这不该

我，应该坐在窗前

或站在车门旁边

左手叉腰

右手作眉檐

眺望，像个伟人

至少像个诗人

想点河上的事情

或历史的陈账

那时人们都在眺望

我在厕所里，时间很长

现在这时间属于我

我等了一天一夜

只一泡尿工夫

黄河已经流远

*

这里有人卖卡特！ [1]

我不知道怎么读这个名字："义乌"，还是"未尤"，我

1　卡特，指也门等地独有的卡特树叶，可以反复咀嚼使人兴奋，被国际上多数国家视为"软性毒品"，但在也门可以合法消费，部分也门侨民也非法携带卡特出国。

指的是一座城市。

这座城市离上海不远。

坐着火车就能到（不用五个小时）。

我们为什么来这里？

首先因为这里是爱德华的故乡，还因为这里有他最早的贸易公司。

另一个原因或许更重要，那是因为这里有人卖卡特！

我这么说不是开玩笑……

这座城市，中国诸多河滨城市之一，是阿拉伯中小商人的圣地，非洲穆斯林也纷至沓来。

这里曾是周围最贫穷的一座城市，但是城市的规划者们将这里建设成了一个长期的商贸展览地（当我们来时，美国商务部长正在这里出席某个展览的开幕式）。

城里有各种各样的商贸公司。

还有一座千年古塔，一个绿树成荫的公园，一条河穿城而过。在许多市场中，有一个为我们阿拉伯人所喜爱的夜市，这里会让你想起阿勒颇、大马士革、开罗的市场。

这里还有街头烧烤，以及随之袅袅飘散的香气。

你甚至可能会看到一个残疾的阿拉伯人，在地上匍匐，伸手索取施舍。还有哪里能有这么完整的阿拉伯式图景呢？我想起了纳吉布·马哈福兹，那位教我们讲述故事的导师。"残疾制造者"宰塔[1]也搬到中国来住了吗？那么，这座中国城市里的那位阿拉伯残疾人，真的是残疾人吗？

下午在街上行走，你会看到用阿拉伯文书写的招牌：

巴格达餐厅

两河咖啡厅

也门餐厅（这是当地最大的阿拉伯餐厅）

接着，在一个角落里，在一个也门式的狭小的地方——

这里有人卖卡特，我的天啊！

在一次与马哈茂德·达尔维什见面时——当时他还在开罗，他曾带我去一个他熟悉的餐厅（一般总是离他的住处不远，无论是在开罗还是在巴黎）。

我们落座。

马哈茂德对餐厅老板说："你这里有蛇吗？"

他转向我，好像在等着看我的反应——惊恐之类的反应。但我没什么反应，因为我知道他指的是鳗鱼，那种形状像蛇的

1　1988 年诺贝尔文学奖得主、埃及小说大师马哈福兹在其小说《梅达格胡同》中，塑造了一个名叫宰塔的人物，此人专为乞丐制造残疾，以使其博得人们更多的同情和施舍，自己也从中牟利。

鱼。我曾经在亚丁湾的清晨捕过那种鱼。

尼罗河的鳗鱼以美味著称。

为什么非要提及"蛇"呢？

我们坐火车到达义乌以后，在车站接我们的是爱德华的侄子，我忘记了他的名字，但还记得他留着一头乱发。我喜欢他的发型，也跟他这样说过。

侄子带我们来到了义乌最有名的饭店。

我们选了一处餐桌，接着下楼挑选自己的食物。

那个餐厅很奇怪，厨师比服务员还多。你要自己挑选：鱼和其他各种海产，等等。

在活鱼和螃蟹旁边，是一个铁网制成的笼子，里面有一条蛇。真的蛇，它欢快地昂着头，个头不大，我看它也不是那种会蜕皮的蛇，可能是草蛇。他们告诉我：它也在菜单上！

我们上楼，回到了自己的餐桌边。

我喝了餐厅自酿的本地白酒，口感很好。

我们点了餐，我点了一些素菜。

蛇呢？

那条等待着菜刀砍斫的蛇呢？

现在我重新想起它的样子：

它在笼子里，自由自在。蛇不需要很大的空间。我在艾布·哈西卜的家里曾有一条蛇，我们叫它"扎拉"，对它敬畏有加，从不伤害它，从不试着杀死它。它是家里的福星。

家里的那条蛇也许就和中国餐厅里的这条一样，是草蛇！

这里，在伦敦郊区的家里，

在长夜里，

那条蛇，中国餐厅里的蛇，找到了我。

它依然昂着头，欢快地、自由自在地。

我向神灵，向阿兹特克、玛雅和希腊的神灵，向我的阿拉伯多神教祖先的神灵祈祷，祈祷它免于那从不落空的中国菜刀的砍斫！

伦敦，2009 年 12 月 14 日

（韩誉、薛庆国　译）

诗人李白如何悄悄走进了我们的生活……

〔伊拉克〕萨阿迪·优素福 [1]

在 50 年代中期，巴德尔·沙基尔·赛亚卜出版了一本书，书名好像是《世界诗歌选集》[2]。由于时间比较久远，这本书已经被我们遗忘。

但我记得，其中有一首雅克·普莱维尔 [3] 的诗。

我还清楚地记得，这部诗选中有一首美国诗人埃兹拉·庞德的诗，题为《河商妻信》。

赛亚卜将这首诗从英文译成阿拉伯文，但是庞德并非原诗

1　本文为萨阿迪编译出版的《金樽：李白诗选》序言（贝鲁特骆驼出版社，2015 年版）

2　作者记忆略有误，书名应为《世界现代诗歌选》。

3　雅克·普莱维尔（1900—1977），法国现代诗人与剧作家。

的作者。这首诗实为李白所作，后被翻译成日文，而庞德则根据日文译本将其翻译成英文。

庞德的译文优美感人，但有几处翻译有待商榷。例如，原文的信并非写给商人或河商，而是写给长江上的一位船长。在巴士拉与海湾地区，我们称"船长"为"noukhiza"。

赛亚卜的译文非常华美。最专业的翻译一般会遵循韵律规则，他就是如此。

赛亚卜此次翻译的重要性有没有人留意或关注呢？

对我而言：

有段时间，我反复吟诵这首诗，甚至能倒背如流。

尽管如今我已不能"倒背如流"了，但这首诗依然藏在我的心里。

我那首为人们熟知的《萨利姆·马尔祖格》，是否曾受到这首诗的影响呢？

　　萨利姆·马尔祖格呀，带我上船，上船

　　收下我急切的眼睛作为船费，

　　我愿为你做任何事情

　　除了谈论女人的是非……

我这里谈到的李白这首诗，正是收入这本诗集的第一首诗。

701 年，李白出生于今位于吉尔吉斯斯坦的托克马克附近，小时候随家迁居四川。

725 年，李白辞别亲人，沿着长江出峡远游，一路不忘赋诗。

742 年，唐玄宗命李白供奉翰林。但不久之后，李白便被迫辞官。

755 年安史之乱后，李白开始服侍永王李璘。

这位诗人因背负叛乱的罪名，被捕入狱，后遭流放。获赦之后，他在长江流域一带周游。

李白曾四度结婚。他还是著名诗人杜甫之友。762 年，李白去世，或死于肝硬化，或中毒而亡。

李白受儒家思想与道家思想影响，后者更甚（他的诗歌里有许多关于道家的指涉）。他纵情山水，也乐饮美酒。

他常常浪迹天涯，不是因为贫穷，而是因为富足。

他虽然有儒家的倾向，但在年少时就是一位纵意的冒险家，离儒家的教诲相去甚远。

在今天的中国，有一千一百首诗归于他的名下。

中国人依然将他视为"诗仙"。

几天前，我跟中国朋友倪联斌说，我决心要将李白的部分作品译成阿拉伯文。

他笑着说道："他那时候的世界和今天的中国可完全不同……"

但他又说："你知道吗？我还在上幼儿园的女儿现在就在背诵李白的诗呢！"

2014 年 10 月 12 日 伦敦

（林建杰、薛庆国　译）

中国：从斯大林到荷马

〔埃及〕艾哈迈德·阿卜杜·穆阿提·希贾兹[1]

从收到邀请我出席在中国西宁举办的首届青海湖国际诗歌节邀请函的那一刻，到活动结束之后的机场送别，在这四个月的时间里，我时刻感受到中国人民的慷慨好客，他们事无巨细，贴心安排好相关事宜，确保所有的事情都按计划进行。邀请函已送达各国诗人的手中，全世界的目光都聚焦在这里，诗歌节办得出彩或是出洋相，都将接受来自各国的诗人们的总评。最后，中国人赢得了世界的赞赏。

诗歌节的举办地是青海湖——一个四面青山环绕的美丽湖

1　艾哈迈德·阿卜杜·穆阿提·希贾兹（1935— ）：埃及著名诗人。2007 年 8 月，他应邀来华参加了首届青海湖国际诗歌节。本文刊载于2017 年 9 月 12 日埃及《金字塔报》。

泊。青海是一个中国西北省份，正如其他的边境地区一样，这个省份的人口由多民族构成，他们讲不同的方言，也有各自的宗教信仰，其中有佛教徒，也有穆斯林。在这迷人的自然和人文环境中，诗歌节的主办方获得了灵感，将诗歌节的主题定为"人与自然，和谐世界"，并要求诗人们以这个主题进行创作。

我像其他人一样，按要求完成了一篇发言稿，并提交给了主办方。八月二号我从开罗出发，到达北京机场时，中方的陪同人员已经等候在机场。在机场等候的还有精通阿、中、英三语的埃及青年诗人顾德先生，他现居中国香港，在这个城市，他从事翻译活动，并与这里的来自各国的知识分子建立了友谊。他也是我与诗歌节组委会之间的联系人。组委会主席是一位中国诗人，他说我们几年前曾在哥伦比亚麦德林国际诗歌节上见过面，他就是现任（2006—2010）青海省副省长吉狄马加先生。

陪同人员带我去酒店稍作休息后，又陪我前往机场接我的妻子，她也与我一同来中国，由于她是自费前来，所以她乘坐埃及航空的航班，而不是主办方为我预订的法航航班，因此与我到达的时间不同。

我们在中国首都北京待了三天，其间参观了一些名胜古迹，之后乘飞机前往诗歌节举办城市西宁，在那里活动了四天后又返回北京，随后前往中国南方城市深圳，又乘坐火车到达香港。我的好友顾德先生在香港为我举办了一个诗歌晚会，埃及驻香港总领事及夫人，还有部分居住在香港的中、法、英和阿拉伯国家人士出席了晚会，各国朋友用四种语言朗读了我的诗歌。次日，我们经北京回到开罗。

这次访问历时两周，行程涵盖中国的北方和南方，其间我增长了许多见识，也收获到了满满的乐趣和感动。限于篇幅，我没法多谈这次访问的具体细节，只是想在此提出一个问题：为什么中国人要举办这样一个诗歌节？答案是众所周知的，因为中国对诗歌的重视和热爱，和埃及以及世界上的任何国家一样，并不需要给出一个特殊的理由。在中国古代的文化遗产中，特别是在儒家传统中，人们言必谈诗，甚至在历史上的一些朝代，诗歌成为选拔官员的必要条件。这个传统一直延续至今，今天的中国约有一千万家与诗歌相关的机构，创办了数百种诗歌杂志和上百万个诗歌网站。

但我的问题不是关于中国重视诗歌的原因，而是中国在此时举办国际诗歌节的原因。我认为这与中国的发展和对世界开放有关。

中国在革命的初期，曾学习苏俄，毛泽东主席领导的中国共产党通过抗日战争和解放战争，夺取了政权，建立了与斯大林政府类似的政府。但尽管如此，中国人成功地让国家走向现代，走上致力于让人全面进步的道路，因为进步不仅仅是工厂、炮弹和火箭，而首先是文化、民主和人权。中国过去20多年的发展经验表明，人民要求的是全面发展，这可以解释中国今天实行的开放政策。过去，中国人一直以苏联为师，现在他们开始学习古希腊的精神：今年，他们举办国际诗歌节；明年，他们还将承办奥运会。

200多名诗人聚集在这里，他们来自中国、英国、法国、德国、希腊、塞尔维亚、西班牙、葡萄牙、瑞典、美国、墨西哥、阿根廷、波兰和埃及等。

诗歌节组委会主席、青海省副省长、诗人吉狄马加先生对我厚待有加，他亲自向诗歌节听众介绍了我，之后又在我们下榻的酒店特地拜访了我，还建议我参加一个中阿互译项目。

是的，此行收获颇丰，而中国人民是最大的赢家。

（李珮、薛庆国　译）

北京——中国的瑰宝

〔伊拉克〕马哈茂德·赛义德[1]

　　大约是夜里 10 点，我在北京的一条街道上看到一位年轻的妇女，面前有一个摊位，摆卖了各种肉类，身旁还有个烧烤炉。我四下环顾，试图寻找她的伙计或者同伴，却未见一人。我简直不敢相信自己的眼睛：在深夜里竟孤身一人，无人陪伴？她难道不害怕？可真勇敢！倘若她此时身处芝加哥，一定会被捂上嘴强行拖拽到隐蔽的角落，被强奸，被抢劫，如果反抗则会送命。倘若她身在巴格达，则会被某个团伙扣为人质，要挟她的家人支付数十万美元作赎金，或被长年监禁在秘密囚牢中，

1　马哈茂德·赛义德（1939—　　）：伊拉克著名小说家、学者。1999 年移居美国，在美国芝加哥德保罗大学任教。2016 年 7 月，曾来北京出席国际儒学论坛会议。本文发表于 2016 年 10 月阿拉伯文化期刊《杂志》。

除了监禁她的人之外，再无人知晓这囚牢的方位；许许多多的女孩被囚禁其中，受到日夜不停的侵犯，没有人来营救她们，死亡是她们的唯一出路。

在芝加哥，一个年轻女人深夜从酒吧出来，被两个警察拦住了脚步。得知女人要自行回家，两人提出要护送，做她的"保镖"，随后却强奸了她。他们没有要她的命，因为她没有反抗。就这样，"保镖"成了"罪犯"，这发生在这个时代，在世界第一强国。

在我出访中国的前一天，一位来自中国台湾的朋友前来与我道别。喝着茶，他说起自己在夜间出行时身上只会携带几美元，因为近来犯罪多发，一周之内至少有 10 人遭遇抢劫并被杀害。

于是，我想起伊本·白图泰在 7 个世纪前写下的有关中国的文字，这位旅行家写道："在诸国之中，唯有中国最安全，最适宜旅行。在中国，一个人可以身携大量财富独自行走 9 个月，且毫无所惧。"如此看来，在中国，确保太平安全的传统古已有之，一代代的中国人把它传承下来，使它变成所有人的责任，变成国家的特征，也成为每个人与生俱来的一种习惯，一种在无数人血管中与血液一同流淌的意识，更成为这个幅员辽阔的国度独有的特质。

毋庸赘言，"中国"一词在阿拉伯语中与"工艺"和"知识"同义，自古如是。这一点可追溯至据说是先知穆罕默德的一句圣训："求知，哪怕远在中国。"贾希兹[1]曾写道："中国人的特长在于工艺。他们善于金属铸造，熔化和镟磨各种金属，使用奇异的染料，纺织，雕刻，绘画，书法。"伊本·白图泰曾写道："在工艺领域，当属中国人最为伟大，他们的工艺最为纯熟。"

90年代我曾写过一篇文章，其中提到早在阿拔斯王朝，伊拉克从中国进口的产品就已达42种之多，包括丝绸、纸墨、刺绣、铁锁和宝剑、丝绸、麝香、沉香、马鞍、陶土、辣椒、胡椒、椰子、小豆蔻、肉桂、高良姜、肉豆蔻、诃黎勒、乌木、龟甲、樟脑、丁香、取自大麻的荜拨、天鹅绒大衣、象牙、铅、美人蕉、竹子等。至今我们似乎仍在从中国进口其中部分物品。在美国、欧洲，乃至世界上任何一处地方，只要你走进市场，都会发现不计其数的中国产品。

......

1　贾希兹（775—868）：古代阿拉伯百科全书式著名作家。主要传世之作有《动物书》《吝人传》等。

　　到访过印度和中国的阿拉伯知识分子不在少数，他们也都提笔对这两个国家进行过描述，并乐于在两者之间加以比较。他们往往专注于文化，因为文化是大众生活中的体现。这里，文化包括与社会生活或个人生活有关的一切，以及与社会环境相关的各种因素，如习俗、信仰、仪式、礼仪、政治制度、语言、饮食、卫生习惯、信仰、医疗，以及哲学、星相学、城市的建设与防御、道德，等等。在这一领域，最有趣的文字也许出自西拉菲[1]之笔："中国是最健康、疾病最少、空气最好的国度，那里几乎没有盲人、独眼人或其他残疾人，而所有这些在印度都司空见惯。"在我的中国之行中，我的确没有见到任何盲人或独眼人或其他残疾人，这也印证了西拉菲的描述。然而我却见过一位斜眼人——但我并不认为这是一个缺陷，因为我的右眼有时也有点斜视。

北京

　　城市犹如一个女人。当你爱上一个女人，往往会不明原因，

---

[1]　西拉菲：全名为艾布·宰德·西拉菲，10世纪阿拉伯撰述家，曾续写阿拉伯旅行家苏莱曼的中国行见闻录《历史的锁链》。

为她着迷，却茫然无措，而看到其他女性时甚至会心生厌恶。北京正是这样一个美丽的女人，她如同一位不速之客走进你的心房，于是你便爱上了她。我后悔的是，没能在这里再多停留三周，尽管我知道，即使一个月的时间也过于短暂！

什么原因呢？

似乎我并不是第一个爱上北京的阿拉伯人。在我之前，另有一位伊拉克人——杰拉勒·哈乃菲[1]。他比我幸运，在北京逗留了四年，其间还和生活在那里的一位伊拉克女性结了婚。在我之前还有我的朋友——著名的哈迪·阿莱维。他是向阿拉伯读者介绍中国和中华文明的最重要的阿拉伯作家之一。通过写作，他向读者展示了中华文明的重要性及其思想的深邃，以及中国取得的巨大成就。他最重要的作品是《中国拾珍》。中国的"人民网"曾刊登过一篇由北京外国语大学阿拉伯学院薛庆国教授撰写的精彩文章，其中提到，阿莱维给自己起了一个中文名字"老海"，他还自诩为"中国和伊斯兰两个文明的传人"。当然，在他之前还有数千名阿拉伯士兵，由曼

1　杰拉勒·哈乃菲（1914—2006）：伊拉克著名作家、历史学家、语言学家。曾于1973—1979年间在上海外国语大学担任阿拉伯语外教。部分资料显示他此前还曾在北京工作过。

苏尔哈里发[1]派遣，远赴东方援助中国皇帝。他们一定是爱美人士，一定被他们受到的礼遇和中国女性之美吸引，于是选择留在这里，与中国女人成了家。

公元 13 世纪，赵汝适[2]——一位在中国广东口岸工作的官员撰写了一本书，其中记录了那些来到广东港口的外国人和他们的生活。他似乎懂得阿拉伯文，所以在撰写过程中收集了许多与阿拉伯人有关的消息。例如，他记录了一位为中国着迷的阿拉伯商人，此人来到广东并在此定居，因为面容英俊而威严，受到皇帝的款待和礼遇，还受赏一身丝袍和一束银腰带。

古老的北京年代久远，却仍如少女一般充满活力，每日清晨她七点钟便从梦中苏醒，八点钟的她最有朝气。而此时，新德里、开罗等许多其他首都却还在蒙头大睡。也许，世界之所以能够见证一个告别落后、走向卓越的中国，这也是原因之一。

在北京的道路上行驶着约 600 万辆各类车辆，其中有豪华的德国轿车，也有普通的韩国汽车，还有不计其数的各式三轮

1　曼苏尔（714—775）：全名为艾布·贾法尔·曼苏尔，阿拔斯帝国第二任哈里发。据史载，他曾应唐肃宗之请求出兵帮助唐朝平定安史之乱。
2　赵汝适（1170—1231）：南宋地理学家。出任泉州市舶司提举时，曾询问来自阿拉伯地区的商人，收罗有关阿拉伯的地理、风土、物产等资料，并据此撰写成《诸蕃志》。

车、摩托车、自行车，原始的木质三轮车与现代的高科技汽车并行不悖。然而，即便有如此众多的车辆，北京的交通运行却仍然顺畅；即使有些许拥堵，也并不比芝加哥等城市的街道更糟糕。北京的街道有许多过街天桥，为行人穿越马路提供了便利，这在芝加哥、纽约、华盛顿、新德里等世界其他城市是不多见的。除此以外，和在新德里、开罗等城市经常见到的情形不同，北京的街道上没有手推车或畜力车影响交通运行。交通出行方便的另一个原因，是北京拥有大量的出租汽车。尽管中国不同于伊拉克及海湾产油国，是一个石油进口国，但北京的出租车价格却十分低廉，这是北京人性化的一面。

行走在北京的街道上，你一定会为这座巨大城市的整洁市容而惊讶。在这一方面，除了波恩的个别街区以外，北京超越了我所见过的一切城市。

在北京，河流是属于百姓的，每个人都可以在河流两岸散步，欣赏它的秀丽波光。在美国则不然，河流经常被建筑遮挡，只有奢华酒店的住客和摩天大楼的住户才能看到河流的容貌。北京的河流属于所有人，它被维护得很好，没有污染，跟马来西亚、伊拉克和埃及被污染的河流不同。河的两岸有围挡，防止大风将垃圾吹入河中；因此河水清澈，反射着太阳的光芒。

每到一座城市，我都喜欢去一些偏僻的小巷或狭窄的街道走一走，这样才有机会看到人们最真实的一面。也许这也是我喜爱北京的原因之一。每晚七点过后，我都会到一些没有汽车驶过的街道转悠，车主们似乎已经把车停在家门口，但他们不会待在家里，而是来到小街、巷子度过一段时光。巷子口往往有烧烤店。中国人喜欢光顾小路两旁的烧烤店，这样的店铺到处都是，似乎已成为百姓家庭的延伸。男男女女成双成对或三五成群地在其中用餐，或玩着纸牌，或玩着在我们国家已经绝迹了的棋类。有些人在玩棋牌，还有些人在旁观战。人们有说有笑，吃吃喝喝。这样的场景让我感觉到北京人像是一个大家庭，他们共同营造着一种盛大而亲切的氛围，其乐融融，不亦乐乎。

无论在巴格达、开罗、大马士革、安曼、卡萨布兰卡等阿拉伯城市，还是在西班牙，我都曾见过类似这样的街头餐馆，但它们大都死气沉沉，缺乏生机。用餐者不苟言笑，没有相互的交集和欢乐，填饱肚皮的过程就如同为汽车的油箱加油，没有喜悦，没有欢笑，人们机械般地吞咽，像陌生人一样匆匆路过，稍作停留，而后便销声匿迹，来也陌生，去也陌生。然而在北京，我在餐馆听到男男女女的聊天声与欢笑声，还伴随着儿童的喊叫，能感受到人们喧闹中的激情，似乎这是一种欢乐而神圣的仪式。这种欢乐也感染了我，仿佛我也是他们中的一员，尽管我只是一个游客，也不懂他们的语言。

这些都是北京的一面。另一方面，北京还有许多伟大的遗迹。紫禁城的庭院和走廊使你不由得想起巴黎凡尔赛宫的宫殿、广场、花园和走廊，二者在宏伟与华丽上颇有些相似之处，都能把你带回历史的深处。在游览北京的首都博物馆时，我再一次联想起法国，以及蓬皮杜现代艺术博物馆——它和首都博物馆一样，也有四层展厅，然而二者的展品却截然不同。首都博物馆的展品都是历史文物，涵盖了从3000年前北京开始有人居住的时代至今的各种文物。毫无疑问，除了伟大的中国人民，中国最伟大的就是长城。游览长城曾是我一生的梦想，自年少时起，我便期待有一天能看看长城。当我梦想成真时，我眼前的景象还是超乎我的想象。共有几百万人参与长城的建造？他们付出了怎样的艰辛？作出了多大的牺牲？长城所表现的，不仅是这个历史悠久的民族所拥有的伟大技艺，更重要的是，它还呈现了中国人的爱国情怀。仅凭统治者的命令，如此伟大的建筑不可能被建成。比统治者的命令更为重要的，是所有参与建造的人对国家的热爱、对捍卫家园的热忱以及对自由生活与和平的渴望。当然，不能否认这其中也有强制的劳役，但类似情况在当时的世界都普遍存在。

只有在中国，人们会根据食客的喜好来烧烤、蒸煮或煎炒蔬菜，连韭菜都可以被串起来，稍加烧烤后食用。中国人会将未去壳的花生煮熟或烤熟作小食，其他肉类、贝类、虾类和鱼类食材也都可以用同样的方式烹饪。就食材的种类而言，中国人的餐桌兴许是世界上最丰富的：肉类、禽类、海产、鱼类、贝类以及各种各样的螃蟹、章鱼等，应有尽有。这恰恰证明了中国文明的悠久历史及其饮食文化的高度发达。这种饮食的多样性不仅证明了中国人烹饪的取材之广，也证明了中国饮食的健康，因为大部分食物都是无盐或少盐的。

在北京，最美丽、最动人的莫过于孩子们和妇女们了。孩子们穿着鲜艳、整洁的衣服，在街头巷尾跑来跑去。有的就像可爱的洋娃娃，在地上蹒跚而行，眼里闪耀着快乐健康的光芒。他们洁白明亮的脸颊透着红润，与黑头发一起构成了一幅天才艺术家也难以勾勒的画像。你的目光总会不由得被他们吸引过去。

中国人，尤其是中国女性，通常有两种肤色：一种白皙中透出红润的血色，另一种则是棕褐色，像是将曙光与石榴汁搅拌在一起。她们五官端正，身材苗条，笑起来如同黎明一般美丽。至于她们的双腿，则像是用专门的模具制作而成一般，比例出奇地匀称，散发出迷人的魅力。中国女人还有犹如丝绸一般垂至腰间的秀发——阳光下，她们的一举一动，都会让那头秀发随之摆动。大自然似乎将全部的才能都施展在塑造中国女人的美丽上，此后的它才华已尽，再也无法创造出更加美妙的事物了。在称赞中国这件事上，或许我并不孤独。格兹维尼[1]就曾写道："这里到处有水源，到处有树木，良田遍布，果实丰沛。在所有国家中，中国是最优美、最清洁的，中国人是最漂亮、最擅长精细工艺的。他们穿着丝绸的衣服……"

我参加了一场在大学里举办的晚会，有许多学生表演歌舞节目。我注意到，中国人演奏一种类似阿拉伯乌德琴的乐器——琵琶。这种乐器由乐手用指尖直接演奏。此外，中国人还演奏两种接近卡龙琴的乐器，一种四方形，体积较大，需由两个人抬放在乐手面前的案台上，再进行演奏；另一种大约有一米半长，椭圆形，同样使用指尖演奏。这两种琴的声音都与我们的卡龙琴声相似，十分悦耳。相较于西方的旋律，中国乐器奏出的乐音更接近我们的品味。

1　格兹维尼（1203—1283）：中世纪阿拉伯著名地理学家。

除了乐器，中国人与我们的相似之处还体现在生活习惯上。例如，他们在购物时也总会与卖主讨价还价。游览长城时，随行的陪同就花了一刻钟时间提醒我们，买东西一定要还价。

根据大会的安排，我还结识了四位学习阿拉伯语的青年学生。其中一位熟练掌握了口笔头阿拉伯语，几乎达到了阿语专业博士的水平，而他实际上却是刚刚步入硕士生阶段的学生，他的研究方向是阿拉伯语专业最难的领域之一——诗律学。至于另外三人，则还是大学本科三年级学生，但他们的阿语水平已经等同于同阶段的阿拉伯学生，能够熟练地听、读、说、写，仿佛阿拉伯语也是他们的母语。他们为何能达到如此水平？其他国家的学生要想达到相同水平，至少需要学习七年阿拉伯语，还需赴埃及、摩洛哥或约旦等阿拉伯国家生活一年或更久。为什么中国的阿拉伯语教学取得了成功？

抛开个人的智力、重视程度以及学生的坚持、努力等因素不谈，也不谈在多数国家和地区均大同小异的教学方法和课程安排，还有一些其他可能的原因值得我们思考。在我看来，中国学生对外语的熟练掌握，还得益于他们从自身环境中培养起来的学习能力。为什么这么说？为了学习他们的母语并掌握阅读和书写能力，中国学生在小学阶段需要记、背的汉字约有

2000 个，初中和高中阶段需学习的汉字数量则上升为 6000 个。这就意味着中国的小学生需要记在大脑中的汉字数量是阿拉伯语字母的 71 倍，而中国中学生需要记、背的汉字数量则是阿拉伯学生的 214 倍之多。因此，当中国学生开始学习一门字母数目不过是 28 个的外语 [1] 时，会感到自己像是在做一次轻松的学习之旅。这就好比要求一个早已习惯了 7 米跳远，且每日重复上百次的学生跳跃半米的距离。对一个在 12 年间习惯与 6000 个复杂汉字打交道的人而言，与 28 个字母相处会容易得多，无论使用这些字母及单词有多难，他需要付出的精力与学习母语相比一定会少许多，甚至几乎不会感到疲倦。我们曾因为能够轻松使用这门字母数只有 28 个的语言而自豪，但在中国学生面前，这种自豪感显得不值一提。世界何时才能认识到学习方块字的价值和益处，以及它对于智力开发和技能培养所起到的作用？我认识的一位伊拉克报刊主编曾对我说，他在做编辑工作时面前会放两张包含阿语相似字母 ZHUA 和 DUA 的单词表，以免出错。我笑他傻，但这不过是无奈的苦笑。然而，与那位取得了核科学博士学位却落笔错字的伊拉克部长相比，这也就算不上悲剧了。

1　阿拉伯语字母共有 28 个。

似乎中国人对语言的精通也曾是中国领导人取得成功的要素之一。他们成功地缩小了与西方国家在文化、科学和工业领域的巨大差距，并可能在不久之后全面反超，进而开始引领世界。

"北京"一词意为"北方的都城"，因为中国的古都不止一处；而"中国"一词则意为"中央之国"，即世界的中心。与其他国家一样，中国在其不同的历史时期见证过繁荣昌盛，也经历过衰落和倒退。中国人民普遍认为"文化大革命"是历史上的一次浩劫，是前所未有的一次文明倒退。幸运的是，邓小平继毛泽东之后成为中国的领导人，并结束了这场浩劫。邓小平及其继任者成功带领中国继续向前，并走上了一条正确的道路，创纪录地用几十年时间走完了欧洲人用两三百年走过的道路。中国定会继续马不停蹄向未来进发。毫无疑问，明天的中国将会屹立于世界的中心，成为名副其实的"中央之国"。这样的明天不会遥远。

（马涛、薛庆国　译）

鲁迅小说读后感

〔叙利亚〕阿里·欧格莱·阿尔桑 [1]

在谈论中国伟大作家鲁迅的小说和思想前，我想先谈谈"文化大革命"，其原因将在稍后呈现。

在中国作协大楼举行的一次内容丰富的座谈中，我们和中国作家讨论了很多关于文化和思想的话题。其间，中国作协副主席强调要重视并弘扬儒家思想；在他看来，回归儒家思想是让中国人找到根基、凝聚人心的开端。

不妨容我就此赘述几句。似乎中国的当代作家们都在揭露"文革"的消极影响，他们描述了"文革"期间许许多多动摇

1　阿里·欧格莱·阿尔桑（1941—　）：叙利亚著名作家，作家协会前主席。曾多次率团或独自访华。本文选自其2008年出版的著作《中国：关系、阅读、见闻》。

中国文化根基的行为，对此他们的态度十分鲜明。我本人也注意到导致"文革"的部分根源和错误观点，在我看来，很多人参与"文革"凭的是一腔热血、爱国之心和革命理念，但盲目热情和激进的"革命"思想，让"革命"陷入严重的困境。最终，这场"青春期"的革命造成了许多苦难。

记得20世纪80年代初，我第一次到访中国，当时陪同我的是一位刚从"文革"下放地回来的文学批评家。这种下放地一般位于乡村或者农场，安排他这样的知识分子跟农民们一起生活，以便更好地记录农民的现实生活和艰苦劳动，这体现了"文革"对共产主义理论和实践的理解。谈及这段经历，这位文学批评家说出的每一句话都带着苦涩，回忆往事让他再一次受到煎熬。

在我探讨有关的小说和为了创作而殚精竭虑的作家们以及他们的创作观之前，我想简要地介绍一下中国作协主席巴金看待"文革"及其影响的一些观点。他在题为《愿化泥土》的散文中写道："后来回想，我接触到通过受苦而净化了的心灵就是从门房和马房里开始的。只有在十年动乱的'文革'期间，我才懂得了通过受苦净化心灵的意义……我看见人们受苦，看见人们怎样通过受苦来消除私心杂念。在'文革'期间我想得多，回忆得多。有个时期我也想用受苦来"赎罪"，努力干活。我只是为了自己，盼望早日得到解放。"[1]

在读了鲁迅的传记和部分作品后，我有一些心得，可能会让部分中国人觉得诧异。我认为：鲁迅深受 20 世纪初流行于欧洲、发展于二战时期的破坏性无政府主义的影响；他主张破旧立新，建立现代社会，这种主张固然言之有理，体现了鲜明的革命精神，但与此同时，它对于中国文明、对中国文化身份的根源与特性、对中国传统中的积极因素而言，也是相当危险的。鲁迅把自己的工作称为"刨祖坟"，表示："我们目下的当务之急是：一要生存，二要温饱，三要发展。苟有阻碍这前途者，无论是古是今，是人是鬼，是《三坟》《五典》，百宋千元，天球河图，金人玉佛，祖传丸散，秘制膏丹，全都踏倒他。"[2]他甚至号召青年不要读中国书，不要读线装书，表现出彻底的反封建主义的激情和决心。

鲁迅的主张固然有其道理，但是，他所反对的旧传统，需要一场以理性认知为基础的清醒的革命。而鲁迅的观点与欧洲现代主义者、无政府主义者对传统与现存社会的见解和态度出

1　中译文摘自巴金著《随想录·愿化泥土》。
2　中译文摘自鲁迅著《华盖集·忽然想到》，以下引用鲁迅作品文字均摘录自鲁迅中文版原作。

奇一致。"这儿没有任何模棱两可的地方:'传统'——世界上的所有各种传统都被放到了一起——简单地等同于驯顺的奴隶状态,而现代性则等同于自由;不存在不确定的目的。拿起你们的镐子、斧子和锤子,去无情地摧毁那些古老的城市!冲啊!去图书馆的书架上放一把火!让运河的水转向去淹没博物馆……来吧,烧黑了手指的快乐的纵火者!他们来了!他们来了!"[1] 中国当代文学记录了发生在"文革"期间的许多悲剧性实践,这场"革命"对中国的文明遗产造成了严重破坏。女作家霍达在其小说《穆斯林的葬礼》中写道:"迅雷不及掩耳,一群身穿军装、臂缠红箍儿的陌生年轻人冲进了'博雅'宅,捣毁了木雕影壁,涂黑了抄手游廊上的油漆彩画,砸开了'密室'的门,把里面的藏品洗劫一空!……"

这些藏玉都是罕见的艺术珍品,也凝聚着小说中人物"玉王"的心血,战争爆发后他把玉转移到了伦敦,战争结束后又带着玉回到了北京,方才保全了国宝,未料命运竟如此捉弄他:"他的心被玉摘走了!那五千年前的玉铲、四千年前的玉璜,那商代的玉玦,汉代的刚卯、青玉天马、青玉螭纹剑鞘饰,唐

1　中译文摘自马歇尔·伯曼著《一切坚固的东西都烟消云散了》(徐大建、张辑译)。

代的青玉飞天佩、白玉人物带板、青玉云纹耳杯，宋代的玛瑙
葵花式托杯、白玉龙把盏，元代的青玉牧马镇、碧玉双耳活环
龙纹尊，明代的刻有琢玉大师陆子冈落款的茶晶梅花花插，清
代的白玉三羊壶、翡翠盖碗、玛瑙三果花插……'玉王'没有
了玉，还怎么活？"[1]

　　第二天，"红卫兵"逼迫韩子奇交代自己的"罪恶历史"，
这场浩劫没有止于财产、生命、历史和信仰，也殃及了死者和
坟墓。北京的西山，郁郁葱葱，"这里就是当年的回民公墓。
一场人间浩劫让土坟、墓碑荡然无存了，只留下这肥沃的土地，
每年滋养出丰硕的果实……淡淡的月光下，幽幽的树影旁，响
起了轻柔徐缓的小提琴声……"

　　在这里，"红卫兵"的破坏不是建设性的破坏，也不是为
了建设而破坏，伯特兰·罗素是这样来区分这两者的："当我
们产生一种预定的结构时，我们是在建设；当我们解放自然力
去变更现存的结构，而又对产生新的结构并无兴趣时，我们是
在破坏。"[2]

　　鲁迅呼吁踏倒"百宋千元，天球河图，金人玉佛，祖传丸

1　中译文摘自霍达著《穆斯林的葬礼》，本文中引用该小说的文字，译
文均摘自原作。
2　中译文摘自伯特兰·罗素著《论教育》（杨汉麟译）。

散，秘制膏丹"，如果把他的主张跟欧洲 20 世纪初现代主义者和无政府主义者的诉求相比较，我们不禁会问：在某种意义上，鲁迅难道不也是"文化革命"的精神之父？我在评论中国诗歌时，曾提到毛泽东对青年的呼吁，他担心青年们读古诗，受中国古典文化的影响，毛泽东的呼吁难道不是跟鲁迅不谋而合？鲁迅的这些倡导中，有着显得鲁莽的激情，以及 20 世纪初无政府主义者的影响。我现在提出这个问题，希望有人能对鲁迅的作品作出与我不同的新的解读。鲁迅有一段时间对俄国革命和苏联的成就表示钦佩，表达了他对革命胜利的信心；但又过了一段时间，他心中又产生了疑虑，而后陷入了迷失，他在 1934 年说道："先前，旧社会的腐败，我是觉到了的，我希望着新的社会的起来，但不知道这'新的'该是什么；而且也不知道'新的'起来以后，是否一定就好。待到十月革命后，我才知道这'新的'社会的创造者是无产阶级，但因为资本主义各国的反宣传，对于十月革命还有些冷淡，并且怀疑。"[1]

　　鲁迅的部分小说作品已经翻译成了阿拉伯语，我读过两本短篇小说集《鲁迅短篇小说集》和《故事新编》，其中共收入

1　中译文摘自鲁迅著《且介亭杂文·答国际文学社问》，阿拉伯文刊载于叙利亚《世界文学》第 89 期。

25 篇小说。以下是我对部分小说的读后随感：

《狂人日记》：

小说《狂人日记》总能让人联想到俄国作家果戈理的小说，但前者有着不可忽视的鲁迅笔法和中国特色，体现在环境介绍、社会问题以及应对这些问题的方式上。在艺术层面，《狂人日记》属于中等水平，我指的不是中国人在思想、智慧、行为处事中经常表现出的中庸之道，而是指这部作品的艺术价值和作品的地位。

深入刻画和分析人物心理并不是鲁迅首要关注的事情，尽管他曾经有段时间对心理分析流派着迷，比如弗洛伊德、荣格，但他并未专注于这个领域，在他之后的创作中几乎找不到心理分析的痕迹。在这方面，他实现了成功的转型。

《狂人日记》描绘了一位有被迫害妄想症的人，这或许是长期的压抑所致，但不止于此，还涉及社会的病态。小说可以解读为对封建社会的反抗，描写了社会及其堕落的方方面面，呈现了一个人吃人的社会。文本被赋予过于沉重的意旨，我认为鲁迅的这种暗示并非小说的核心和他要传达的旨意。或许作者不能通过自己的笔墨精确地表达这一切，"但事实就是人曾经互相吃掉彼此"。

可鲁迅全然相信这些吗，未来就不会再出现"吃人的人"吗？或者，他所说的"自盘古开天辟地以来，可有变过"的情形将会改变？在我看来，从鲁迅提到的那个盘古时代直到天地万物不复存在，"吃人的人"都依然可能存在。这跟人的本性、教育、法律、剥削、不公和压迫相关。行为、品德、工作上的不幸会产生相应的不幸，因为人们倾向于用不幸去回应不幸、反击不幸，企图以此摆脱不幸。

《阿 Q 正传》：

《阿 Q 正传》的故事发生在革命年代，封建帝制覆灭，中华民国成立，孙中山的时代已至。鲁迅在 1921 年 12 月创作了这篇小说，彼时距五四运动爆发已逾两年，关于那场运动的精神和目标并未清晰地呈现在文中，但确有蛛丝马迹可寻。虽然文中关于革命精神的要领、动向并非一目了然，但对小说的解读必须与时代背景相结合。

阿 Q 是有些古怪的人，他既懦弱又卑怯，却想表现得很威风。面对侮辱和冒犯时，会用类似压抑、自我压制的心理机制来化解。注意压抑和压制是有区别的，压抑是无意识的心理机

制，是内心的霹雳，是无意识的。而压制是有意识的行为，是
对意志的干涉，对此功不可没的是病态的记忆，比如遗忘和对
事件的转换：被鄙夷时反而能自视甚高、目中无人。这是一种
假想的状态，这种心理机制让人听而不闻、视而不见，当大脑
接收到信息时，无法准确地理解其含义、用意和来龙去脉，思
维中枢理解接收到的信号时出现偏差。阿Q是一种社会心理，
但他首先是个体的状态，我认为这并非普遍的情况，不能以一
概全，不能代表中国人的国民性。因此我不敢苟同《现代中国
人》一书中对《阿Q正传》的分析，该书中有多处暗示，将阿
Q这个人物从个体引申到群体，影射到民众。鲁迅在小说中写
道："而且'忘却'这一件祖传的宝贝也发生了效力，他慢慢
的走。"但作者也不清楚阿Q的氏族，而中国人向来重视血脉，
会编写族谱，并仔细敲定，对自己氏族的质疑就是对自己的侮
辱。小说中的第二处暗示是"他总是飘飘然的"。阿Q对于遭
遇的屈辱，会忘却，会像嚼口香糖一样咀嚼着它。"闲人还不完，
只撩他，于是终而至于打。阿Q在形式上打败了，被人揪住黄
辫子，在壁上碰了四五个响头，闲人这才心满意足的得胜的走
了，阿Q站了一刻，心里想，'我总算被儿子打了，现在的世
界真不像样……'于是也心满意足的得胜的走了。阿Q想在心

里的，后来每每说出口来，所以凡是和阿 Q 玩笑的人们，几乎全知道他有这一种精神上的胜利法，此后每逢揪住他黄辫子的时候，人就先一着对他说：'阿 Q，这不是儿子打老子，是人打畜生。自己说：人打畜生！'阿 Q 两只手都捏住了自己的辫根，歪着头，说道：'打虫豸，好不好？我是虫豸——还不放么？'"这种行为是盘算了各种可能性后，选择了他自认为合适而旁人无法理解的方式。

阿 Q 有时会通过想象、盲目的自尊自大来采取心理补偿行动，或是通过打压像尼姑这样的人物来实现。尼姑对他说："你怎么动手动脚……""酒店里的人大笑了。阿 Q 看见自己的勋业得了赏识，便愈加兴高采烈起来。""这或者也是中国精神文明冠于全球的一个证据了。"但这些并未反映在文章的深层艺术结构中，如事件、心理活动、暗示、人物的行为、行事方式。"他这一战，早忘却了王胡，也忘却了假洋鬼子，似乎对于今天的一切'晦气'都报了仇；而且奇怪，又仿佛全身比拍拍的响了之后轻松，飘飘然的似乎要飞去了。"

阿 Q 不是一个健全的人物，他的女性观、价值观不足以代表全社会对女性的价值评判，他的所思所感与他多舛的命运相关。阿 Q 对事物的理解多出自他的个人意志、价值取向、行为方式。他向小孤孀吴妈求爱后，"两手扶着空板凳，慢慢的站起来，仿佛觉得有些糟"，"仿佛背上又着了一下"，"而且打骂之后，似乎一件事也已经收束，倒反觉得一无挂碍似的"。当吴妈试图寻短见时，他又一副事不关己的样子想去看热闹，"他看见这一支大竹杠，便猛然间悟到自己曾经被打，和这一场热闹似乎有点相关"。阿Q遇到不顺后，总能置身事外地审视自己，能自圆其说，能通过假想咽下烦心事，只看他想看见的，自行其是，似乎什么坏事都不曾发生。

阿Q遇见了谋了他饭碗的"穷小子"，两人唇枪舌剑了好一阵子，结果却不分胜负。而阿Q此时最大的烦恼就是"肚子饿了"，他决定进城求食。当他再回到未庄时，发了小财，女人们追着阿Q买他伙同别人偷来的衣服，大家开始敬畏地待他，只是很快，村人对于他的敬畏中又有远避的意思。村子里传言革命党要来了，来得比阿Q预想的要快。"（阿Q）一面想一面走，便又飘飘然起来。不知怎么一来，忽而似乎革命党便是自己，未庄人却都是他的俘虏了。他得意之余，禁不住大声的嚷道：'造反了！造反了！'未庄人都用了惊惧的眼光对他看。"

阿Q沉浸在自己做了革命党的美梦中，喜欢谁就娶谁，想要什么家具就去搬，还能命令村民们做事。可等未庄出现了革命党，赵秀才和假洋鬼子先后宣布主动投诚革命党，先于阿Q把辫子盘在头顶，扮作革命党的样子。阿Q决定加入他们的阵营，学样将辫子盘在头顶，但其实并没有太大的变化。"其实他的生活，倒也并不比造反之前反艰难，人见他也客气，店铺也不说要现钱。"

但问题不在于村民，而在于那些先于阿Q宣布投诚革命的人，他们举起了自由党的白盔白甲旗。阿Q意识到必须要跟革命党取得联系，决意去结识他们。他去了钱府，没有得到一点点关注，便决定先跟假洋鬼子打招呼，结果被扫地出门，他落荒而逃，那哭丧棒的味道他还记得，心中怕得很。但现在能干什么呢？"于是心里便涌起了忧愁，洋先生不准他革命，他再没有别的路！"这一处意味深长，影射了现实，1911 年革命推翻了清王朝，建立了中华民国，实现了政治运作的范式转型。但这一切并未完全脱离外国的影响，还是离不开其支持和同意。

赵家失窃，阿Q在幻想、想象与现实中穿梭，认为从赵家搬走的战利品竟然没有他的份，全是假洋鬼子捣的乱，不准他造反。于是越想越气，想看假洋鬼子被杀头，后来想想不做革命党也罢，去告假洋鬼子一状，就能扳倒他，替自己报了仇。

赵家遭抢，阿Q被逮捕，而他接受审判时连自己所犯何事都不清楚，阿Q游街示众后被枪毙，"（未庄的人）自然都说阿Q坏，被枪毙便是他的坏的证据"。而村民们以为枪毙并没有杀头这般好看，他们觉得死因"游了那么久的街，竟没有唱一句戏"，无趣极了。

阿Q是生是死，无人牵挂，这种情形发人深省。在鲁迅的笔下，阿Q从寓意鲜明的病态人格到不被理解的荒诞人格，让他跟别人一起成为投机者，为了没做过的事付出生命的代价，这些安排都让阿Q成为一种特例，而不可作为代表群体的范例，或者说可以用来概括群体的模板。

那些侮辱阿Q、跟他交往，尊敬他、惧怕他、审判他、处死他的人们，也都是中国人；审视和评判阿Q的，也是中国人的眼光。跟阿Q有关的故事，发生在特定的中国环境中；在这样的环境中，产生了形形色色的人物。阿Q怎么能代表鲁迅想要批判的所有中国人的国民性呢？

阿Q这个人物是要进行改造的，但他不能被利用来代表整个传统和各方立场。这一人物是病态的、愚昧的、机会主义的，内心有各种缺陷。但他代表的是一个独特的个体，而不是整个社会的缩影。

《祝福》：

在小说《祝福》中，鲁迅描绘了一个典型的女性人物及其悲惨命运，此外也展示了中国农村并不常见的风俗传统。"祥林嫂"是一个死了丈夫的寡妇，丧偶后她从夫家逃了出来，在鲁镇做女工。她为人勤快，安分耐劳，承担了老爷家所有的活。但她没有告诉雇主，自己是从夫家逃出来的，直到她的婆婆找上门——按照惯例，婆婆为了给另一个儿子娶亲，想让祥林嫂改嫁他人而收钱，或许正因为此她才逃走的。但鲁四老爷是个因循守旧的人，他认为婆婆的主张是正当的，当他要把祥林嫂交给来客时，一艘小船已抢先一步劫走了在河边淘米的祥林嫂，她被绑回了家，然后被绑到了另一个男人的婚床上。婆婆为了收彩礼，把她许给了别人，好让另一个儿子有彩礼钱再娶老婆。祥林嫂拼命反抗，但无济于事，之后被迫改嫁，在深山沟里生活。可在她生下一子后，第二任丈夫也过世了。祥林嫂的悲剧不止于此，她在屋后做饭时，坐在门槛上剥豆的孩子被狼叼走吃掉了。

不幸的意外让这位母亲神志不清，记性也坏得多。祥林嫂再一次回到鲁四老爷家做工，可她背负着沉重的罪恶感，四处找寻孩子阿毛的声音，对阿毛之死自责不已，在村子里逢人就讲孩子的事，一边哭一边讲。久而久之，故事对于听众不再有吸引力，可祥林嫂只有这个故事控制着她的生活和舌头。她恍恍惚惚，后来受到更大的伤害。要过新年了，鲁四老爷家不许祥林嫂杀鸡宰鹅，靠近锅灶，请信佛的善女人柳妈来帮忙。柳妈的心思都在可怜的祥林嫂身上，让她的罪恶感翻倍。柳妈说："祥林嫂，你实在不合算。再一强，或者索性撞一个死，就好了。现在呢，你和你的第二个男人过活不到两年，倒落了一件大罪名。你想，你将来到阴司去，那两个死鬼的男人还要争，你给了谁好呢？阎罗大王只好把你锯开来，分给他们。我想，这真是……""我想，你不如及早抵当。你到土地庙里去捐一条门槛，当作你的替身，给千人踏，万人跨，赎了这一世的罪名，免得死了去受苦。"

可怜的祥林嫂给土地庙捐了一条门槛后心情舒畅，觉得内心的愧疚减轻了许多，人们也会对她满意的。但冬至的祭祖时节，鲁四婶仍不许她靠近灶台和福礼，一些别的家务也不肯让她沾手。四婶对她大声说："你放着罢，祥林嫂！""她像是受了炮烙似的缩手，脸色同时变作灰黑。"这证明在鲁四婶的眼里，祥林嫂依旧是脏的、有罪的。四婶的话直击灵魂，是她内心全面崩溃、放弃抵抗的最后一击。而由于她的崩溃，最后她被鲁家打发走了。

之后又发生了什么事？讲述者也不清楚。鲁迅以他惯用的讽刺笔法记录并评判着鲁镇这群人的所作所为，在故事的末尾借叙述者之口说道："我在这繁响的拥抱中，也懒散而且舒适，从白天以至初夜的疑虑，全给祝福的空气一扫而空了，只觉得天地圣众歆享了牲醴和香烟，都醉醺醺的在空中蹒跚，预备给鲁镇的人们以无限的幸福。"

（胡杨、薛庆国　译）

我为什么翻译《道德经》

〔叙利亚〕费拉斯·萨瓦赫 [1]

人的求知欲与生俱来。孩童自初谙世事，就会时常疑惑：世界的本原是什么？造物主是否存在？人类与造物主的关系如何？生命的意义与人类的命运是什么？后世或来世又将是怎样的情形？实际上，这一系列浅显稚嫩的问题，正是人类最终极的疑问。正是这样的疑问，激发着人类通过智慧、哲学和宗教寻求解答。

然而，绝大多数人都在日常生活凡俗琐事的压力下丧失了这种求知欲，渐渐被社会主流宗教同化，接受了其信仰，对其

1　费拉斯·萨瓦赫（1941—　）：叙利亚著名学者。曾于 2012—2018 年间在北京外国语大学任教 6 年。本文原文发表于 2012 年第 12 期《今日中国》。

提供的答案不假思索，自以为就此达到了心灵的平静，殊不知那只不过是对于某种意识形态的盲从。可是依然有少数人执着地探寻、求索，备受疑惑煎熬，也享受着疑惑带来的自由和生命力。本人就是这少数人之中的一员，我们并不满足于前人提供的答案，我们要从人的内心中、从世界文化的广博中探索这些根本问题的答案。我们将不断地探索下去，即使我们发现，世界上根本不存在这些问题的答案。

我曾四处寻找志同道合的探索者，希望他们能助我在先贤走出的这条道路上继续前进。当我发现哲学家们都致力于建立一种能回答所有问题的思想体系时，我开始学习哲学；可是学过之后，我心中的疑惑有增无减：面对五花八门、各执一词的哲学流派我不知所措，哲学史给我们留下众多哲学流派和哲学思想，每个流派都自诩为真理在手，都想打破之前的流派；每个哲学家都竭力否定前人，随后自己又遭到后人的反驳。就这样，我不再幻想人类能够建立一种世世代代承前启后、不断完善、共同努力探索真理的人文主义哲学。

对哲学失望后我转而研究宗教史，确切地说是研究自己置身其中的中东文化圈之宗教。宗教和哲学异曲同工，都旨在解答人类的终极疑问；区别仅仅是：哲学代表了某一个人的智慧，而宗教则是整个民族智慧和文化的集中体现，历经数代智者贤人的思想历程和精神体验，逐渐得以形成。

这种对宗教的兴趣也归结于我个人的心理和思想因素。从根本上来说，我是个有信仰者，只不过我的信仰从一开始就不同于传统意义上的宗教信仰：我并不相信有什么人格化的神祇，超绝万物，统治世界，颁布清规戒律，约束人类之间的关系和道德修养。这样的神除了本领高强、无所不知，与人类其实并无区别。在我看来，现实世界的背后有某种超验的形而上的存在，与客观世界彼此独立同时又密不可分。这种形而上的存在不可以简单理解为某些神化的个体，甚至不能简单理解为唯一的神，它是不可能用惯常的语言来描述、表达的，虽然我们能够用心去感受之，因为我们自身作为这个世界的组成部分，也由两个层面组成，即物质层面和超验层面。

一开始我就自问，只有我一人有这种想法吗？带着疑问我开始了漫长的寻找，不觉半生已逝。我广泛研究了中东地区的各种宗教，从公元前3000年初刚刚发明文字时，中东文明黎明时期的原始宗教开始，我追踪了其发展并互相交错的历程，直到所谓天启宗教，即犹太教、基督教和伊斯兰教形成。在此期间，我撰写了多部著作，在阿拉伯世界读者甚众，可是最初的疑问依然悬而未决，在对有关超验世界及其与人类世界之关系的认识中我也依然没有知音。当时我还抽空研习了相对论、宇宙物理学和量子理论，发现即使是科学家，对于终极问题也像我本人以及其他任何人一样满腹疑惑。一位当代物理学集大成者曾这样表达自己的这一疑惑："每次我们向大自然提出一个问题，她都以另一个问题作为回复。"

研习物理学期间，我读到美国物理学家弗里特戈夫·卡普拉的著作《物理之道》，书中把宇宙物理学和量子理论的观点与远东文化圈一些哲人的思想进行类比，这一做法引发了我对东方文化的关注，于是我又研习了印度教和佛教。在研习中国佛教时，我接触到禅宗佛学——一门融合了佛学和道家思想的理论，通过禅宗我接触到《道德经》，此书顿时永远改变了我的命运，它成为我漫长的心灵旅程之终点。

至于为什么《道德经》对我有如此大的影响，我将在下文阐释，并将与我的个人信仰不谋而合的老子思想和中东宗教思想进行比较。

一、对最高原则的命名

在宗教思想看来，最高原则是一个凌驾人间的存在，这个存在有着类似常人的人格，通过一定的名称为人知晓，置身于人世之外，带着一定的目的和意志对人世有所行动。而老子对最高原则的理解则是一种非人格化的力量，没有名称，没有人格，也没有主观意志。老子称其为"道"，意即道路，他这样说并非为了给这一力量命名，而是要把听众的注意力从一个具体名称转移到对最高原则在宇宙中运行之道的思考上。所以，他在《道德经》第1章里写道：

"道可道，非常道；名可名，非常名。无名，天地之始。"

在第25章中，他说："吾不知其名，强字之曰'道'，强为之名曰'大'。大曰逝，逝曰远，远曰反。"

二、对最高原则的认识

在宗教思想看来，人类中有些人被神选中，称为"先知"，神通过先知把自己介绍给人类，先知向人类传达神的要求，把神的话语或自己得到的启示记载成册。在这种情况下，人类得以认识最高原则的智慧就是一种自天而降的神的智慧。而根据老子的思想，人类的智慧，以及对最高原则的认识却并不能靠阅读神圣经典获得，而必须通过心灵体验，使得自己与最高原则作不假言语的沟通。

所以老子在第 5 章写道："多言数穷，不如守中。"

在第 23 章，他说："希言自然。"

在第 56 章，他说："知者不言，言者不知。"

在第 16 章，他说："致虚极，守静笃。万物并作，吾以观其复。"

在这种内心沟通的状态下，智者便不再靠理智手段来理解"道"，而必须通过直觉体悟，通过顺应"道"，通过效仿其在宇宙中的运行方式，去理解"道"。就此，老子在第 48 章中说："为学日益，为道日损。损之又损，以至于无为。"在第 47 章中又说道："不出户，知天下；不窥牖，见天道。其出弥远，其知弥少。"

三、关于世界的创造和组成

在宗教思想看来，世界由造物主即神创造，神的创世行为是有意志有目的的，以一项严密的、胸有成竹的计划为依据，该计划成形于神独立于、凌驾于、作用于物质世界的理性中。

而老子却认为，世界的存在是"道"发挥的恒常作用，就像太阳放射的光芒，这一作用并非有意志的行为，而不过是一种很自然的现象。自然现象与有意行为不同，是一种"无为"，就像花儿绽放，是受到内部本能之力的驱使，而不是外来力量所致。就是因为这种内部自发力的驱使，"道"通过阴阳两种力量的交替作用，衍生成无穷无尽的各种生命体和非生命体。老子在第37章写道："道常无为，而无不为。"

在第40章说："反者道之动；弱者道之用。天下万物生于有，有生于无。"

在第42章说："道生一，一生二，二生三，三生万物。万物负阴而抱阳，冲气以为和。"

在第4章又说："道冲，而用之或不盈。渊兮！似万物之宗。"

在这里，"道"之"冲"（即空，无）类似数学中零的概念，零代表没有，但即使如此，没有零也就没有一，没有其他数值。

既然"道"并不是世界的创造者，它就不会以世界主宰者的形象出现，也不会根据自己的意志作用于世界，其角色类似现代科学概念中的自然规律。道家认为，万物在同一时间分别自生自灭，互不为因果，所以没有任何存在凌驾于其他存在之上，所有事物自发而生，与其他事物的发生紧密联系。对于这种同时的、自发的发生，庄子如是说：

"非彼无我，非我无所取。是亦近矣，而不知其所为使。

若有真宰，而特不得其朕。可行已信，而不见其形，有情而无形。百骸、九窍、六藏，赅而存焉，吾谁与为亲？汝皆说之乎？其有私焉？如是皆有为臣妾乎？其臣妾不足以相治乎？其递相为君臣乎？其有真君存焉？"

四、最高原则与人类的关系

在宗教思想看来，神与人的关系是一种仪式性的关系。神创造了人类，并创造了大自然和各种动物保障人类的生活，所以人类必须时时刻刻感恩戴德，对神唯命是从，顶礼膜拜。一句话：神是人类的主人，人类是神的奴仆。而老子则认为，最高原则受无所谓主仆关系的宇宙自发力的驱使，给世界以恩赐，万物共生，任何个体与个体之间都不存在恩惠关系。老子在第10章中说：

"生之畜之，生而不有，为而不恃，长而不宰，是谓玄德。"

五、道德

宗教思想认为，道德规范是天降圣典，是神替人类指明了善恶之分。这就意味着，人自己本来是没有道德观念的，即使行善也不过是在服从神的旨意而已。而老子则认为，美德就在宇宙的自然规律中，人类只要完全依照这个规律行事，就能感受到其中的美德，无师自通，也不需要遵守任何高高在上的力量强加的道德规章。这样，行善就既无目的也无计划，成为老子所谓自然而然的、"无为"的行为。老子在第38章中说："上德不德，是以有德；下德不失德，是以无德。上德无为而无以为。"

在第81章中说："天之道，利而不害；人之道，为而不争。"

庄子记载了老子与孔子的一段谈话，讨论的是行善与对他人的义务这两个概念。我现将谈话结束时老子的总结摘录如下：

"天地固有常矣，日月固有明矣，星辰固有列矣，禽兽固有群矣，树木固有立矣。夫子亦放德而行，循道而趋。已至矣，又何偈偈乎揭仁义，若击鼓而求亡子焉？意！夫子乱人之性也！"

六、赏罚

宗教思想中，善恶的概念、善恶的区分都关系到赏罚，神会褒奖行善者，惩戒作恶者。如此一来，道德就成了神与被造者之间的某种交易。然而在老子看来，对善行的褒奖就在善行本身之中，并非外来的奖赏，因为通过善行，行善者达到了与自发向善的宇宙之力的和谐统一。故道家人士各司其职，不求回报，不须有意争取，自然而然就达到了成功的境界。老子在第73章中说："天之道，不争而善胜，不言而善应，不召而自来。"

在第79章中说："天道无亲，常与善人。"老子在这里的意思并不是说"道"有意地向着好人，而是说好人既然顺应着宇宙的自然之力，就势必总能得到"道"的庇佑。

七、后世及来世

后世与来世在宗教思想中的地位举足轻重，死亡被认为是通往后世的过渡；死亡之后，人或者永远享乐，或者永远受苦。而老子则按照务实的中国思想，对这种形而上的问题关注甚少，强调的是怎样在现实世界过好此生，并没有对后世作出设想，也没有对灵魂是否不朽作出讨论，主张人只要在注定的寿命中顺其自然地生活，不必贪生怕死。老子在第50章中说：

"出生入死。生之徒，十有三；死之徒，十有三；人之生，动之于死地，亦十有三。夫何故？以其生生之厚。"

关于老子对生死及来世的观点，庄子这样解释：

"古之真人，不知说生，不知恶死。其出不欣，其入不距。翛然而往，翛然而来而已矣。不忘其所始，不求其所终。受而喜之，忘而复之。是之谓不以心捐道，不以人助天。是之谓真人。"

　　以上是中东宗教的几个基础概念，内含于其基本信仰的框架中，教义之真理依据这些概念得以形成并为人所知，同时人也必须对其虔诚信仰，肯定其绝对的正确性，严格依照其规定行事。每一种宗教信仰都号称自己掌握了最高真理，解答了与之有关的一切问题。而老子的道家学说则认为，终极真理是不能用人类的理性揣测的，所以根本不可能问出与之有关的问题，也不存在回答。道家并不试图用知识去掌控世界，而是倡导用一种非理性的直接体验的方式去把握世界。这就是老子所谓的"行不言之教"。关于这一点庄子说：

　　"道不可闻，闻而非也；道不可见，见而非也；道不可言，言而非也。知形形之不形乎！道不当名。"

　　那些我在漫长的知识求索旅途中关注的问题，老子并没有直接回答其中的任何一个，但他却给了我快乐和心智的平和。现在我无畏无求，用老子的话来说就是：

　　"保此道者，不欲盈。夫唯不盈，故能蔽而新成。"

　　我想让尽可能多的人们也能享受到这样的平和，于是把《道德经》译介给了阿拉伯读者。译作刚刚问世就得到了广泛回应，他们这样说："读了《道德经》，我整个人都变了"，"《道德经》改变了我的生活"。

在本篇关于《道德经》的小文中，我重点强调了老子思想的几个方面。我坚信，面临诸多问题的现代文明能够从这位先贤的思想中得到诸多裨益，他在第 70 章曾这样自我评价：

"吾言甚易知，甚易行。天下莫能知，莫能行。言有宗，事有君，夫唯无知，是以不我知。知我者希，则我者贵。是以圣人被褐而怀玉。"

（牛子牧、薛庆国　译）

白色的神路

〔埃及〕杰马勒·黑托尼[1]

从中国回来后，令我一直萦绕于怀的地方，是 1644 年开始统治中国、历经 23 位皇帝的明朝[2]的皇家陵墓。我将自己灵魂的一部分留在了那里。我也不知道，如果是在青春年少或人到中年时去了那里，我的感受是否会有所不同。这地方让我惊惧、不安、战栗，是因为我正在接近虚无之境，接近消解了界限、音阶、色彩，以及冷与暖、身与影的那个所在？不清楚。但可以说，这个地方，和我曾见过的一切地方都迥然不同，它

1　杰马勒·黑托尼（1945—2015）：当代埃及乃至阿拉伯世界最杰出的小说家之一。曾于 2006 年、2007 年两度访华。本文选自其作品《游历纪行》（开罗复兴出版社，2011 年版）

2　原文作者有误。明朝（1368—1644）共历经 16 位皇帝，国祚 276 年。

在我的记忆中独占一隅，是其他一切都无可比拟的。在我见过的一切场所中，这个地方最能表达永逝的意味。我曾在东西方四处游历，见过各种著名的碑碣、陵墓、宗教建筑和纪念楼堂，但是，没有一处能如此打动我。回国以后，我还一直在回味那里的细节，总能想起所见的一切，尤其是那条寂静的、冰冷的、孤单的、倾斜延伸的、如同虚无一般苍白的——神路，这是唯一我不曾了解的地方。紫禁城举世闻名，长城是我自孩提时代便阅读过的，乃至我称这次中国之旅为"长城之旅"。其实，促成这次旅行的，是我两部小说中译本的出版。东道主的安排周到而热情，对我的一些赞誉，令我听来惭愧。然而，这条具有象征意义的神路，却触动了我，使我感伤。

我们游完长城之后，开始返回北京市内，我不知道我的朋友薛庆国教授还安排了行程上没有的另一处景点。当我们走近一段砖墙中间的宏伟的中式门楼时，我以为要参观一处和紫禁城相似的地方。围墙时常不会透露隐藏在它后面的秘密，有时候我们可以观察推断，有时候我们根据现有的知识展开想象。而这次，我没有任何线索。但是，我在看到门楼和围墙的那一刻，一种伤感涌上心头。我身处的地方与世隔绝。围墙虽是一种遮蔽，但有时也会揭示。在这里，我听薛庆国教授说要参观明朝的陵墓，便以为看到的只是陵墓而已，我会站在变成旅游景点的皇陵面前。所有的古老圣地都已变为旅游场所，埃及最神圣的古迹如今已变为旅游名胜和硬通货币的来源。时过境迁，没有什么依然如故，从思想到石头，一切都会改变。真的，"凡在大地上的，都要毁灭；唯有你的主的本体，具有尊严与大德，将永恒存在"[1]。

　　入口处的建筑有四扇门，朝向四个方向，只有一扇对外开放。一踏入门内，便看见一个奇特的造型，一只巨型大理石龟背上驮着一块高耸的石碑，这尊石龟是用一整块石料雕刻而成，显示出工匠精湛的技艺。或许，在这个凄凉的地方，入口处的乌龟寓意着长寿。大理石的路面，石头的质地，灰色的倒影，都让人产生一种超乎肃穆的感觉。陵墓坐落的盆地，被不高不低的群山环抱，陵墓依山麓而筑，陵墙内外，一派郁郁葱葱。整个陵区，就是一个大园林，但这是属于永恒的园林。初看上去，它与其他园林并无二致，刚入正门时，我以为要参观的是一个葱郁的公园，但一穿过正门，进入陵区，我立刻意识到这个地方非同寻常。

　　面前漫长的石道，似乎望不到尽头，它徐徐倾斜，在视线

1　引自《古兰经》第 55 章（至仁主章）第 26、27 节。

的正前方延伸。石道的坡度恰到好处，几乎完美地突然呈现在眼前。路面很宽，中间铺设白石，那是一种特殊的白色。所有的颜色都有多种层次，白色也不止一种。这里的白是苍白，令人肃穆的白色，是我未曾见过的。白路有两米宽，铺洒着一些介于黄色和咖啡色之间的深色细沙。这就是我们开始步行的白石路，必须向前走，虽然没有任何路标和记号，但我感觉，不得不沿着这条路往前走。这条路，铺设在更宽的石道中间，被绿树环绕着，向前延伸。啊，那些树！

垂柳

在埃及，在尼罗河三角洲，水道岸边会有一种树，向水面弯曲，那是垂柳，人们习惯叫它"长发姑娘"。这种树风情万种，娉婷婀娜，总将发辫垂浸水中。在这里，我看到另一种"长发姑娘"，另一种柳树，垂向地面的树辫略微粗实些，低垂的姿态也不尽相同。埃及的柳树透着娇媚柔美，而这里的柳树则显露出悲伤。身体在欢喜时是可以弯曲的，在悲伤或哭泣时也是弯曲的；同样是弯曲，可隐含的内涵是多么不同。

两排相对生长的悲伤的柳树，谦卑中透着痛苦，所有枝杈全部垂向大地，形成石路与众不同之处。石路威严庄重，透出一种我从未见过的肃穆。尽管白石路可容两人并肩同行，但有种难以言喻的东西迫使人在此单独行走。在这条路上，人只能独自前行，因为没有谁能与别人同生，没有谁能与别人同死。

我缓缓前行，陪同我的人走在我身后。在某一处，我向身后回望，发现起点消失了，石龟俯卧的入口处不见了。我丝毫没想过要返回，在这条苍白的、冰冷的、不留影踪的道路上，必须朝一个方向、一个定点前行。的确，那个定点不会显现，但可以通过意识和感官去感知。我放慢呼吸，缓缓而行，在我所了解的可感知的世界中，没有什么地方像这条道路一样，具有如此沉重的象征意义。渐渐地，石兽出现了。

石兽

从某一处开始，道路两旁出现石兽。首先是两只相对站立的狮子，隔几米之后是两只相对跪坐的狮子。再往后，其他动物依次排列，如骆驼、大象等，均呈两立两跪状，共24座雕像。

后来，我问薛教授为什么这些石兽有的站立有的跪坐，他说可能是因为它们守护陵区，两只保持警醒，另两只稍事休息。

我思索这种解释，可还是无法完全信服，仍在寻求答案。然而，石兽的出现使我确信埃及、中国两大古老文明之间存在紧密联系，因为象征的意象是相同的，石兽对于我们和他们而言都是一种象征。两者间也许有着直接的关联，也许并没有。无论如何，仔细思索存在的真谛，能让人殊途同归，认识这一真谛。

我们继续在苍白的石路上前行，走了许久，不发一言，也未交流感想。之后，我问妻子玛姬黛在石路上行走时的感受，令我惊讶的是，她也和我有着类似甚至几乎相同的感觉。她说感受到一种庄严和沉重的肃穆，还有隐隐约约、令人悚然的忧伤。

这，便是石路给人的感觉，尽管陵区气势恢宏威严，周围群山绿荫葱郁，绿得浓烈，层次丰富。可是，这里依然有种触动灵魂和存在的感伤。

走过石兽，面前出现的是人物雕像，共 12 座，每两个相对而立，所有石人均额首低眉，和石兽一样，视线只朝向一个点，朝向大地，朝向石道，朝向石道中间那条路，那条曾经并且依旧震撼着我灵魂的、冰冷的白石路。

皇陵的那条白路依然挥之不去。有时，我们游历一个地方，会有所感触，但当离开后回想起来，却会发现当初不曾意识到的东西。我们会奇怪：为什么人在现场凝望时，却领悟不到许多事理？也许，存在如同一幅画，只有稍微保持一点距离才能看得真切。走在白路上，两旁是低垂的柳树，还有各式的雕塑。人独自、孤单地行走，朝向某一个终点。这路，就是人生之旅，只要一踏上这旅程，倒计时就开始了。所以，庆祝生日或新年，是很值得玩味的。它意味着自初始、自出生起，人生就开始减损。我们的脚步在一刻不停地走向永恒。一切旅行，一切征程，每一次移步，都在向永恒靠近。人生是一次旅行，是一条路，正如这条白色的中国路一样，这里的古人感悟出这个道理。人的感悟，无论是印度人、非洲人，还是来自其他种族、信仰其他宗教的人们，都能抵达最核心的真谛。这条路告诉我，不是终点向我们走来，而是我们迈着大步，走向终点。只有靠近终点的时候，我们才如梦初醒，悚然失色，仿佛我们刚刚上路。

那么，我们是朝着终点走去。然而，只要活着，我们都是经由不同的路，走向终点，哪怕是在靠近圆满之际。在对立中才有生命，独一只会意味着死亡和虚无。因此，倘若夜晚永续，太阳不复东升，也就不会有生命；而当白昼赓续以终，冲突也就被消解。独一即是虚无。这里的古人以此表达了天才式的感悟：这幅画面是平整的，白色是主色调，没有一切杂质，没有一切矛盾，唯一的路，延续不断。不过，它通向无，通向永恒。苍白的路，没有别的颜色，只是白色，白色。奇怪的是，每当我回想起那画面，头脑中就浮想联翩。这都是我回国后的发现，在彼时彼地，却没有意识到这么多道理。

（尤梅、薛庆国　译）

这里是北京 [1]

〔埃及〕杰马勒·黑托尼

　　一个人旅行的目的地决定了其旅行时的状态。一些国家能让我感到身心愉悦，充满探索的欲望；而另外一些国家我之所以前去，只是出于工作需要，就像完成一项任务，因而我既不感到兴奋，也不感到愉快。行程的长度则决定了精力的投入。要是前往一个欧洲国家，那行程不会超过四个半小时。一小时之后，我就感觉过去了很长时间，余下的旅程则显得更加漫长……但是，如果目的地在更遥远的东方或西方，那我就会投入更多的精力与耐心。这个夜晚，我将前往中国，虽然发达的

1　本文节译自作者 2007 年访华后发表的作品《游历纪行》（开罗复兴出版社，2011 年版）。

交通工具已经大大缩减了空间的距离，行程只不过几个小时，而且中国如今在世界上具有强大的存在感，扮演着越来越重要的角色，发挥着越来越大的影响力，但只要一提到"中国"这个名词，还是能让人马上感觉到遥远，似乎它远在天涯海角。

这是我两年内第二次前往中国，但我还在探索这个国家。过去我对中国的认知也依然影响着我的观点，中国总是与远方，甚至与极远联系在一起——一个难以抵达的地方，直到不久前情况才有所改变。先知穆罕默德曾经说过："求知，哪怕远在中国。"伊本·白图泰为了旅行付出了自己的一生，他花了好几年才抵达中国，回乡后告诉人们那里的情形，而如今我却只消踏上埃及航空的飞机。在长途旅行中，我更倾向于选择我们的国家航空公司，因为它的服务更为贴心。我大部分的旅行都往西走，而这次我将向东方前进。我首先将飞行大约 9 小时，前往泰国首都曼谷，之后再转飞北京。后一段旅程大约需要 5 小时，相当于从开罗飞到巴黎。但一切总是相对的，我们将朝太阳与白昼的方向进发，因此将失去 6 小时，而这 6 小时又将在返程中复得。我在遐想，东方海上的日出该会是怎样一番景象？诸多的问题会使我难以在飞行中入眠，于是我在座位上坐稳，立即开始关注自己与空间的关系：书和药盒在我的边上，白纸在我面前，随身听放在右边的口袋里，放在远离心脏的位置。舱门关上了，发动机发出咆哮。飞机开始在跑道上滑行，去挑战黑夜与距离。

这里是北京

我们从酒店出来。光线、空气、天空，当然还有一张张面孔，都在表明——我们来到了一个不同的城市。我知道，这个城市便是"北京"。这个名称对我而言包含了两层含义。

首先，是我从远方了解到的中华人民共和国的首都北京。自从 60 年代阅读了穆罕默德·奥达先生[1]的《人民中国》之后，我就惊叹于中国人民抵抗日、英、法、葡等外国入侵者的斗争。我知道一些中国历史古迹的名称，也涉猎了中国文学的译本，为读到的中国古代思想经典惊叹不已。我尤其喜欢《道德经》，并为该书唯一的阿拉伯文版的问世作出了一些努力。我鼓励穆赫森·法尔加尼博士[2]翻译了这本书以及其他中华经典，这些作

1　穆罕默德·奥达（1920—2006）：埃及作家、记者，其于 1952 年出版的著作《人民中国》讲述了中国人民为建立新中国而英勇斗争的历史。
2　穆赫森·法尔加尼（1959—　）：埃及艾因·夏姆斯大学语言学院中文系教师，著名汉学家、翻译家。

品最初发表于《文学消息报》[1]。后来我还发现了中国传统音乐的魅力，这对我来说非常重要。中国传统音乐受自然的声音启发，表达了人与自然、与命运之间惊人的和谐。此外，对中国古典绘画的了解使我更加坚定地在写作中寻找自己的声音，这是我努力想要实现的目标。每种文化都有自己的特色，人类的文化因而变得丰富。文化的价值在于其多样性，而非某种文化的垄断。我记忆中的北京是盛大的阅兵仪式，是红色的旗帜，是天安门广场上的毛泽东像。

但我昨天晚上到达的这个北京却截然不同。所有的建筑都很现代，似乎是与海湾地区现代城市在同一时期建造的。北京的建筑物的高度确实不及上海的摩天大楼，如果没有建筑上的中文，也许上海更像是纽约，或其他高楼林立的都市。在我下榻的酒店旁边，有一座巨大的中心商场，还有许多建筑使用了玻璃和铝制材料，具有后现代的风格，五花八门的餐厅比比皆是。工作人员认真地清理着地砖和人行道的边缘，擦拭着建筑物的表面，还有人为尚未开门的商店擦拭玻璃。

我们来到了长安街，昨晚我们就是从这条街前去清真餐馆

1　《文学消息报》是一份埃及周报，创刊于 1993 年，黑托尼在 1993 年至 2011 年期间担任该报主编。

的。长安街通向世界著名的广场——天安门广场，街道宽阔，延伸得很长，两边矗立着许多现代建筑，可以在上面看到一些著名品牌的广告。商标在全球化的概念中扮演着重要角色，代表着著名的时装、香水、皮制品、钢笔、电子产品、连锁饭店与咖啡馆品牌。要想确认一个国家是否在现代全球化体系中走上顺利发展的道路，似乎必须看看这个国家中有没有这些商标。著名品牌商标的存在，还意味着这里有人能够购买其商品。

在早晨的这场探索之行中，我不打算走得太远。道路笔直宽敞，我们到达了面向北京站的人行道，我们昨天曾路过这里。我没有看到任何毛泽东的画像或共产党历届领袖的照片，也没有看到中国现任主席或其他国家领导人的照片。这座遍布名牌广告的现代大城市，似乎比任何西方城市都要现代化。但北京也有自己的特色，比如专门的自行车道，此外还有少量的黄包车（与印度黄包车类似），但乘客寥寥。我看到了此行接待方中国社科院的大楼，大楼看上去中规中矩，带有苏联斯大林时期的建筑风格。大楼的外立面均衡对称，两侧结构相似，这种建筑在北京已经不多见了，这里正在为明年的奥运会做准备，这又说来话长。

紫禁城

中国建筑别具特色，这种特色源于中国古老的文化。在这里，我们看到的建筑，尤其是古代建筑，与我们之前见过的一切建筑截然不同。许多屋顶是木制的，涂着红绿两色，带有三角结构。北京一些非常现代的建筑也顶着传统式的屋顶，带着传统装饰，以突出中国的建筑特色。

紫禁城很大，占地面积 72 万平方米，包含 8700 余个厅室。如果要流连其间、仔细观摩，恐怕需要一个多月，而我只花了一天来欣赏其中的建筑及其理念。我确信，中国与埃及的古典建筑之间存在相似之处。两者都追求神圣感，都具有象征性，其中与自然之间的联系是至关重要的元素，两者也都体现了层级观念。

紫禁城带着城墙，是皇室统治与国家机构的核心，对于普通百姓，这里曾是禁区。城墙中嵌着几道巨大的城门，其中最重要的便是天安门，天安门广场的名称就来源于此。每座城门都朝着一个基本方向：南、北、东、西，这是存在的基本方位。与天空的联系在埃及古典建筑中也十分关键，神庙或陵墓的门应当朝北，也就是天狼星的方向，这颗恒星的出现意味着尼罗河即将泛滥。

紫禁城的大门引向一个宽阔的广场，广场的两边是皇室行使权力的宫殿，而后另一道门又导向更加隐秘的地方。一道道门层层递进，越是里面的空间越属于禁地，直至走到皇帝的正殿，来到其与妃嫔的处所。紫禁城最里面还有一座阁楼，用来关押失宠的皇宫贵族与达官显贵。

紫禁城的第一道门叫做端门，用于正式迎客。第二道门叫做午门，门前是异见者受刑的地方。皇朝所有的仪式（如朝拜）、庆典、处刑、监禁都在紫禁城的城墙内进行。第三道门叫太和门，顶部可见黄色雕饰，那是传说中的龙及其九子。黄色是专属于皇帝的颜色，因此中国人被视做黄种人，虽然他们的肤色更像是棕色，与我们接近。

自然的一切元素都在这里呈现。古代埃及思想中有四大自然元素，这流传到了古希腊与古罗马。中国传统观念里则有五大元素，即气、水、土、火、木[1]。中国建筑多用木材，因而许多都没留存下来。而埃及则没有木材，因此多用石头，所以很多建筑能够保留至今。

1　中国传统文化中有"五行说"，认为构成宇宙万物的五种基本元素是金、木、水、火、土。此处应是作者表达有误。

　　我想了很久，发现我们在这里看到的层级与埃及神庙里的相似。我们可以先想想生命的旅程，没有生物是一成不变的，万物生灵都在攀爬童年、少年、青年与暮年的生命阶梯。埃及存在的支柱尼罗河也是如此，河水从某处慢慢上涨，奔流滂湃，直到泛滥成灾，而后再次平息，这便是生命的循环。埃及古代神殿筑有围墙，围墙中嵌着进殿的大门。第一片广场向所有人开放，第二片只有高级的神职人员与官员准入，而神殿中最靠里、最神圣的地方则只有大祭司和国王才能进入，那里光线更加昏暗，空间也更加狭小。

　　在此，中国与埃及建筑便显示出极大的相似性，在象征意义方面尤其如此，尽管两者的思想和精神基础有所不同。古埃及的思想主要体现为宗教观念，古埃及人相信造物主和来世的存在。而中国的思想则体现为一系列人文哲学原则，这些原则为人们提供道德框架，平衡人的需求与道德约束。这其中也包括天人合一的思想，因此中国建有大量园林，其设计与象征性令人眼花缭乱，这说来话长，日后我将在《文学消息报》中详述。

长城

历史上，有哪座墙的建立实现了筑墙的初衷？

有哪座墙，真的将建造者想要阻挡的人拒之墙外？

汽车载着我们向长城驶去，而我的脑海里则回荡着种种疑问。我一边看着风景，一边思索墙的内涵与意义，不论是用于战事的墙、建筑中的墙，还是思想上的墙。最后这种墙虽然不可见，但却阻隔着人与时代、人与过去、人与人。这个问题说来话长，我之后会再来讨论。我得出的最终结论，就是没有一座墙实现了建造时的初衷，也就是保护自己、阻止他者入侵的目的。开罗有一座城墙，现在还有部分遗存，但这座城墙曾经保护过城市，使它免受奥斯曼人、法国人和英国人的入侵吗？答案是否定的。著名的柏林墙实现了其初衷吗？我认为恰恰相反，其存在加速了东德与西德的互动，最终导致建造者倒下，也导致了柏林墙自身的倒塌。那么，人们为什么不吸取教训呢？为什么要运用现代技术继续造墙？以色列建造隔离墙就是一个例子。此外还有宗派主义、意识形态与经济贸易的壁垒。历史上，不管是哪种墙，都没能达到建造者的目的，最终倒塌了，其建造者也都灰飞烟灭。所以，我迫切想知道：为什么人们还要继续建墙？

北京城区距离这段长城约 100 公里，但经过约莫 60 公里后，我们就看到了长城。长城随着高耸的山体时起时落，曲折迂回，石头砌的塔楼点缀其间。在某些地段，我们能够看到两道城墙，在蜿蜒的城墙背后，还有位于山脉更高处的城墙，一道城墙守护着另外一道城墙。墙体呈深灰色，白线交错其间。一部分城墙与自然交织在一起，在某些地方，两者甚至融为一体。但是长城严整的外表与绵延的线条（尽管有例外与变动），还是让我们想到了介入自然的人类。

我们到达了一个类似山谷的地方，被不算太高的山脉环绕。缆车站就在这边，人们可以从这里坐缆车上山。登长城有两种方式，要么走路，要么坐缆车。走路不适合疾病缠身的年长者，所以我们只能选择缆车。但中国人喜欢攀爬蜿蜒的长城，在过去某个时期，这还是男子气概与力量的象征，正如毛泽东所言："不到长城非好汉。"

去缆车站之前，我先去了一趟公共卫生间……我惊讶地发现，长城脚下的卫生间非常干净，还配有电子设备。政府着力打造的各种场所没有一点马虎，其中可以看出对细节的极度注重。整个中国都在为奥运会做着全力准备，我还发现所有的出租车司机都在政府组织的培训班里免费学习英语。对细节的极度关注以及国家的隐形实力，都让我对这些从下至上不断运行的无人驾驶缆车感到信任……

关于长城

每座墙都关联着两类事物：首先是墙围绕着的空间，因为墙是用于隔断的屏障；其次是一些不可见的细节，比如其历史或传说。

长城始建于公元前 7 世纪，当时的西周王朝在北部边境地区修建了一部分城墙，用以抵御北方游牧民族，此后其他王国与王朝也先后参与了长城的修建。起初，城墙与堡垒没有连成一片。而后秦始皇于公元前 221 年登基，他将一些散落的城墙连接起来。

据估计，长城全长超 6000 公里。但是长城并不是一道完全连贯的城墙，在某些地方存在停断。其墙体也不高，不超过4米，但设计者充分利用了山岩的高度。长城由两侧的墙体组成，中间留着供士兵与马匹行走的道路，每段城墙都导向一处高台。我想起，伊本·白图泰在旅行中曾问长城在哪里，人们告诉他长城在遥不可及的地方。我不知道当时的中国人是否想向他隐瞒长城的所在，这位来自丹吉尔[1]的旅行家当时来到了京城，而京城离长城不过 100 公里。也可能他讲述的故事有些虚构的成分。那时候，长城在阿拉伯世界就已经家喻户晓，关于长城的传说不断，它们就像亚历山大大帝建造城墙阻止歌革和玛各入侵的故事一样传奇。

当初修建长城的王朝都已覆灭，但是长城却较为完整地留存了下来，见证着世上一道道城墙的命运：它们不管出于怎样的防御目的被修建起来，最终都会暴露出局限性，遭遇失败。

（林建杰、薛庆国　译）

1　著名古城，位于今摩洛哥北部，是阿拉伯古代旅行家伊本·白图泰的故乡。

诗歌视角下的中国

〔摩洛哥〕穆罕默德·贝尼斯 [1]

1

谈论中国之旅，这样的想法一直萦绕在心头，随着时间的推移，这个念头愈加强烈。最终我决定用一个个故事来勾勒中国。

10 月 29 日晚，"香港国际诗歌之夜"结束后，诗人北岛特地发出邀请，在一家中餐厅设宴款待各国诗人、艺术家和诗歌之夜组委会的工作人员。从装潢陈设、食物到晚宴礼仪，该

1　穆罕默德·贝尼斯（1948— ）：摩洛哥著名诗人。2015 年，他应中国诗人北岛之邀，赴香港出席"香港国际诗歌之夜"，并前往广州参加诗歌活动。回国后，他在阿拉伯语文化网站"多元文化"发表了记录此次中国之行的本文。

餐厅都保留着中国传统。友谊之情荡漾在所有人心中，愉快的交谈令我们陶醉。最后，我们一同向组委会工作人员敬酒，感谢他们一直以来的笑脸与付出。次日上午，诗人们被分成不同小组，前往不同的中国城市。"香港国际诗歌之夜"香港站是诗歌节的组织中心，它与中国内地不同的诗歌社团合作，组织诗歌节分会场的活动。广州是我即将前往的目的地，我将在那里参加诗歌活动。同行的还有中国诗人宋子江、王小妮，法国诗人扬·米歇尔·埃斯比达列，俄罗斯诗人格列勃·舒尔比亚科夫，马其顿诗人尼古拉·马兹洛夫，以及中国香港诗人饮江。

　　香港火车站位于边界地区，外国旅客在此处需要签证才能进入中国内地。站在黄色边界线前，你会知道你即将从一地进入到另一地。香港，它属于中国，同时又不属于典型的中国。签证盖章的程序很快完成了，我们坐上火车。火车一出发，我们每个人都很着急地想要知道，到哪个地点才算是进入中国内地了。我们中的一人猜了错，错了猜……直到我们在一幢大楼的楼顶看到迎风飘舞的五星红旗。终于，我们到达中国内地了。

　　舒适的火车在我们眼前的中国大地上大约行驶两个小时。我们渴望看到中国的标志，准确来说是新中国的标志。楼房，楼房，目之所及，都是楼房。在广州站，我们到处都看到警察和军人，但他们没有接近任何一个人，也没有打搅任何人。

2

还在前往广州的火车上，我就幻想起中国的山峰和村庄，仿佛我正朝它们走去。但让我难以取舍的是，我既想欣赏中国的自然风光，也想欣赏题写着诗句的中国山水画。我对中国艺术情有独钟，对中国艺术中表达的佛教、道家思想也心驰神往。在广州的这段日子里，我没有停止过这样的想象，有时我也诧异于这不合逻辑的联想。但我不想用这样的问题去打扰任何一位我遇见的中国人，或是与我一起来到广州的人们。

广州，中国南方广东省的政治、经济、文化之都，坐落于珠江之滨。随行的中国朋友告诉我，广州也以 Canton 出名，人口有 1200 多万。它是中国第三大城市，仅次于北京和上海。我们外国人为自己对中国只有粗浅的了解感到羞愧：地铁站里的人们井然有序，到什么程度呢？甚至连从巴黎和莫斯科来的两位诗人都为此感到震惊。香港人民的文明风貌给我留下了深刻印象。在广州，我也看到了这样的文明行为。我告诉自己，这是公民文明程度的标准之一，体现了公民接受他人、尊重他人权利的意识；这是长期自我教育的结果，是佛教、儒家、道家哲学熏陶的结果，同时也是今日中国学校实行的现代化教育的结果。

　　一瞬间，我感觉不再需要别人来告诉我关于这座城市及其人民的基本信息。街上行人的服饰、外表、动作及交谈的方式，已向我们展示了他们自己和他们的历史。这些就足够了，我为什么还要寻求更多呢？今日中国的发展，难道不正体现在我顷刻之间看到的各种事物上吗？在广州的这段时间里，我未曾见过一起交通事故，似乎不需要警察来指挥交通。这个城市到处都是私家车、公共汽车、自行车和摩托车，但在该停车等候的时候，人们都停下等候，没有焦急，也没有不满。这就是城市，人人必须遵守其法律和应有的道德规范。

3

　　行文至此，我想起了伊本·白图泰，他也曾游历广州。在那个时代，他所注意到的最美好事物之一，便是中国大地无处不在的安全感。他在游记中写道："在诸国之中，唯有中国最安全，最适宜旅行。在中国，一个人可以身携大量财富独自行走九个月，且毫无所惧。"我不知道如今情况如何，但我一直梦想着前往那里的村庄和山峰。我闭上眼睛，就可沉醉其中：也许我在爬山；也许我跳入瀑布；也许我倚靠在乡间小屋的墙上，聆听着打动我心灵、令我心悦诚服的诗人的声音；也许我面对一幅山水画，其中表达的，正是我所向往的意境。于是，我自然而然地向同行的中国诗人说出了我的愿望："我真想能再多待 6 个月，去看看中国各地的村庄和山峰。"我有点吃惊的是，他们告诉我这是不可能的，因为人们不懂外语，因此任何外国人都很难独自到访那些地方。但是，谁知道未来会发生什么？

12 月初的一个早晨，我再次有机会参观中国古代寺庙和建筑。诗人宋子江对这个城市非常熟悉，他并不需要导游。像往常一样，他准备好带我们一起参观。大佛寺是参观路线的第一站。寺庙坐落于一个居民区中，依靠游客维持香火。内有多家专营宗教供品和手信（如香、佛像、佛珠等）的商铺，还有数个斋堂，以及许多算命先生的摊位。你会有种仿佛回到革命以前的感觉，但商铺门前的毛泽东主席像却在提醒你，这里曾经经历过的革命岁月。

大佛寺是广州最古老的佛寺之一，始建于五代时期（907—

960 年）。像其他旅游景点一样，入内参观需购门票，入口处有警卫站岗。由此也能看出国家机构的存在，因为国家管理所有事务。大佛寺是别致而典型的中式古建筑，大殿宽敞，殿中供奉着多尊金色佛像，水果、鲜花等供品分摆在大殿四周。大佛寺允许游客任意拍照，香港的寺庙则不然。还能看到一些体积较小的动物雕像，但它们在"文革"时期受到了损坏，正如在法国大革命时期发生的事情一样。宽敞的庭院一角有一家商铺，售卖佛教供品和任何与僧人生活相关的东西，从袈裟到僧包、佛珠、佛经、佛教音乐大悲咒等，一应俱全。正侧殿内木料的棕色光泽已褪去，到处都是灰尘，以及"文革"时期留下的毁坏痕迹。可以看出，这座在邓小平主持工作后才重新开放的寺庙，如今已重焕生机。建筑工人在对寺庙的里里外外进行修缮。在新时代的中国，古建筑的修缮与宗教自由和旅游业发展息息相关，而这是发展市场经济的优先前提。

4

很快便到了诗歌晚会的时间。我们从广州皇家国际饭店出来，步行前往晚会地点。正在天河路上慢悠悠地走着，看到一

群又一群的行人，我们知道他们是刚刚下班。现在是晚上7点，
这样的场景不足为奇。中国人整日工作，年假也只有7天。一
个民族正为了进步和发展而奋斗。发展，是官方话语中最常见
的一个词语。

　　诗歌晚会的地点位于天河路。在太古汇商场入口处有一个
大型书店（方所书店），进去之前我放慢脚步，仿佛即将要进
入一座神庙一样。书店有5层，十分精致。诗人宋子江告诉我，
这是中国最大、最具现代化特色的私营书店，而且是一家创意
型现代书店。店内大部分区域用于销售图书以及所有与学习、
书写、科学和艺术有关的东西，另外有一个阅览厅，还有许多
供民间艺术家与文化俱乐部举办活动、进行读书会和文化研讨
会的区域。那么，这里可谓新的朝圣地，如同博物馆、剧场和
歌剧院一样，是现代化中国的现代化圣地。

　　诗歌晚会如期开始。首先举行的，是造型艺术家的作品展
开幕式。这些作品以香港国际诗歌之夜参会诗人的诗作为创作
灵感来源，种类丰富，包括版画、水彩画、涂鸦、明信片以及
由各种材料做成的装置，体现出当今中国艺术家的多样化艺术
发展方向。许多作品都吸引了我的注意，尤其是以两位巴勒斯
坦诗人格桑·扎格坦、纳捷宛·达尔维什和以色列诗人艾棘·米

索的诗作为灵感创作的作品。在这里，巴以双方都收获了各自的支持者；毕竟，谁也不能阻止一个艺术家从他认为能启发自己艺术创作的诗歌中吸取灵感。我之所以特别提及巴以这两国诗人，是因为本届诗歌节的主题——"诗歌与冲突"——让他们成为焦点，同时也是因为两位巴勒斯坦诗人的参与有助于唤醒一些艺术家的艺术意识。

5

书店与咖啡厅毗邻，书架贴墙摆放。书店阅览厅是开放式的，里面有一个舞台用于举办艺术展演、音乐会、戏剧表演，进行诗歌朗诵和图书推介。现场来了大批年轻观众，脸上都挂着笑容，他们渴望与来自世界各地的诗人进行交流。开场的致辞十分简短，随后是杂技、口技表演，伴有传统歌曲演唱，观众们也都欢快地与表演者进行互动。

诗歌朗诵会准时开始了，现场气氛十分迷人。每一位诗人上台时，都有另一位青年诗人与他同时上台，因为诗歌由两种语言进行朗诵：诗人的母语和汉语普通话。杂技演员仍在表演，但他们不再说话。杂技表演为诗朗诵增添了轻松愉悦的趣味，即使诗歌主题涉及战争、悲剧，表现受害者和失踪者的生活与心声。这种双语朗诵吸引了越来越多的跟读和观众互动。中国诗人王小妮上台后，观众们都打开他们手中的诗集，一同朗读所选诗篇。全场观众在诗人的带领下齐声朗读，没有任何杂音，这一幕着实令人陶醉。你很难区分朗诵和吟唱，汉语的音调流淌在中国人的血液中，就像一首歌谣一样，在中国各地流传，由一千种声音演唱，不同的声音汇聚、回响，最后一起达到高潮和尾声。

我也沉醉于这种集体愉悦中，这种愉悦由短短几分钟的诗歌朗诵引发，但将长存在记忆之中。香港诗人饮江的例子也是这样，他的朗诵独树一帜。他用粤语创作，也用粤语朗诵，引得观众多次发出欢笑声。我们外国人没有一个知道他们的笑点是什么，也不知道诗人和观众的共情点是什么，不知道为何有时诗人每读一个字，观众就笑一遍。朗诵结束后，掌声持续了许久。我们问可靠的向导诗人宋子江，观众为什么笑？他告诉我们，因为对于同一个汉字，粤语读法与普通话读法不同。

第一场朗诵过后紧接着就是第二场，每个诗人都进行了第二轮朗诵。由于多语朗诵，现场气氛越来越热烈。这些外语对于中国年轻人来说都很陌生，但他们生活在中国向世界开放的时代里，这是一种在各方面都充满自信的开放。

6

夜里，我们从远处看到一座按一两分钟一次的频率交替变换不同颜色灯光的塔，它就是广州电视观光塔，2005 年动工，2009 年竣工，高 600 米，采用先进的工程技术建成。因提供多语电视频道，它也被称为"巴比伦塔"。广州电视塔的落成使它成为中国南方大都会——广州的重要标志，这座城市已经成为经贸、旅游、文化大都市。总是称自己为发展中国家的中国，这都发展到什么程度了呢？

次日，诗人宋子江安排我们参观陈氏书院（俗称陈家祠）。他说："我们无法参观太多的景点，但昨天的大佛寺和今天的陈氏书院是必须要看的。"我们便打车前往。到地方后，我们看到一个宽敞的广场，广场前是一堵长长的围墙。入口大门之上，挂着一块红底黑字的牌匾。这是一个旅游景点，一批又一批的游客纷至沓来。警卫告诉了我们售票窗口的位置，很快我们便进了书院。门厅内有一扇木雕屏风，上面雕刻了一些名言警句和鱼、龙等动物。你会发现，这些屏风浓缩了中国文化和艺术之美。

1888 年，陈氏宗族开始修建陈氏书院，于 1894 年竣工。陈姓族人修建宗祠，是为了纪念和供奉祖先；修建书院，则是为了给贵族子弟提供一个良好的学习环境，以便他们能在此做好日后升官的准备。自 1905 年起，它也开始向普通孩子开放。"文革"期间，陈氏书院惨遭破坏。80 年代初，国家开始对其进行修缮，并在 1988 年将其辟为民间工艺博物馆。在参观期间，我们看到了新的修缮作业。这座巨大的建筑是中国古代建筑艺术的典范。所有厅堂里摆放的都是原有的家具和装饰：桌子、床、画作、陶瓷件和镀金雕塑等。有一些厅堂被改为商铺，售卖各类手工艺品。这座书院足以让你了解中国南方文化的风貌，并思考中国经历过的现代化进程。

7

当天晚上，我们在同一家书店的底层大厅与观众们有一场新的见面会。这是一场关于诗歌节主题，关于世界诗歌"诗意的再创造"的专题研讨会。仍然是宽敞的大厅，舒适的座椅，年轻的观众，观众之中似乎还有几位诗人。讨论开始了，用中文进行。不懂中文的外国诗人有陪同为他们进行中英互译。对话确是会产生分歧的，但更重要的是，在这里每位诗人都能发出他自己的声音。在香港的诗会也是如此。这样的讨论证明了当下关于诗歌的见解和选择跟30年前是大为不同了。在这里，诗人们各抒己见，体现出各自的创作风格与思考，尤其是对自己生活的时代的思考，以及对诗人与其诗作关系的思考。

讨论的氛围是平和的，没有人想要压服别人。尽管存在文化差异，相互之间也不一定了解对方的文化和诗歌，但我确信诗人们是互相欣赏的。难道这不是所有国际会议、一次又一次诗歌活动的前提和首要因素吗？因为与会者通常来自东西方不同文明和文化的国家，在朗读和讨论中，当前世界各国的诗歌问题被揭示出来，阿拉伯诗歌也呈现出与世界诗歌对话的能力。

书店再次吸引了我。我慢慢地参观了书店。其中，我在绘画、书法和民间手工艺术类书架前驻足良久。在一位书店职员和一位大学生的帮助下，我欣赏了属于不同时代艺术大师的艺术和书法作品。我很喜欢书法作品集，但不知从何选起，因为每一本都是一个书法家的作品集。如果说视觉艺术在所有中国古代艺术中最受重视，那么书法必定是在美学探索道路上走得最远的视觉艺术。我向书店职员请教，她为我选了几本，我又

花了很长时间，细细品味书法作品之美、印刷技术之先进和忠
于原作的程度之高。看完书法，我转而欣赏画作。一页一页地
翻看画册，每一眼都使我对看过的画作产生油然而生的亲切感。
恍惚间，我感觉画家们的灵魂正环绕着我；我逐一向他们问好，
亲吻他们的双手，几乎感动得潸然泪下。

8

在广州，先前在香港也是如此，我有时会放下手中的道家
哲学著作《淮南子》，重新思考伊本·白图泰描述中国的方式，
竟发现自己并不认同他的这种写作方式。伊本·白图泰喜欢将
中国的生活与摩洛哥的生活进行比较，也许这种方式在那时有
助于了解中国，但我不认为这种方式到今天仍然有效，因为这
种方式使我感到头疼。相反，我更喜欢记录一些简短的随感。
当我在伊本·白图泰的著作中看到一些见闻录而没有采用比较
的写作方式时，我饶有兴趣。比如说，他这么写道："中国每
一个城市里都有一个独立的穆斯林区域，里面建有清真寺以进
行聚礼和其他宗教活动，穆斯林在中国备受尊敬和礼待。"

（薛庆国　译）

中国人

〔埃及〕侯赛因·伊斯梅尔 [1]

中国人的起源

在中国，一切事物都有某种起源，都有近乎神话的故事，其中就包括中国人或中华民族的起源。中国人认为自己拥有统一的血脉，他们将自己的祖先追溯到炎帝与黄帝——他们曾经带领中国最大的两个部落在黄河流域生活。根据传说，捉拿妖魔多年的黄帝，为争夺对世界与人类的控制，与炎帝发生了冲突。最终，黄帝战胜了炎帝，兼并了后者的部落。经多年努力，

---

1 侯赛因·伊斯梅尔（1964— ）：埃及媒体人，《今日中国》杂志阿拉伯文版副主编。曾长期在华工作。本文选自《中国之书：中国思想、生活与社会之旅》（北京外文出版社，2008 年版）。

黄帝不断壮大自己的部落，最终建立了华夏民族，也就是中国的汉族。传说还提到，黄帝发明了木船和茅屋，他的妻子教会人们养蚕和织衣，炎帝则教会人们农耕，由此结束了中国人采集狩猎的生活。据说，炎帝为了给民众治病，还采集草药、亲身试药，他是中国历史上第一位大夫和药师。最终，他因尝毒草而死。

　　还有一种说法与上述传说殊途同归。根据这种说法，当时在黄河和长江流域（这两条河流被视为中华民族的母亲河），生活着许多部落，炎帝与黄帝分别领导其中两个著名部落。另有一个部落名叫九黎，由蚩尤带领，这个部落骁勇善战，武备精良，善于制造刀剑与弓箭。九黎经常侵扰周围的部落，其中就包括炎帝的部落，炎帝于是投靠黄帝。黄帝与其他部落领袖形成同盟，最终打败了九黎。据说，黄帝的势力俘虏了蚩尤，黄帝下令将其处死，身首两地埋葬，以免蚩尤复活。就这样，中华大地臣服于黄帝。如今在位于黄河边的陕西省，还能看得到黄帝的陵墓。

龙的传人

那中国人为什么把自己称为"龙的传人"，把自己的土地称为"龙的故乡"呢？

依照中国的传说，如果历史按照原本的方向继续发展，中国人其实比俄罗斯人更有可能将熊作为自己的民族象征。在黄帝统一中原之前，熊是当地人的图腾。战胜蚩尤后，黄帝决定放弃原来的图腾，用一个新的图腾代表刚统一的国家，他最终选择了龙。

中国龙在现实中并不存在，这是中国人运用想象力创造出来的生物。它长着马头、鱼眼、龟颈、鹿角、虎掌与鹰爪，展现了中国人期望或想象的完美形象。中国古代各部落被统一起来，形成了早先的中华民族，而龙也代表了各部落图腾的融合。从那以后，龙就一直是中华民族的图腾与象征，在中国的民俗庆典与民族记忆中占据重要位置。但在中国进入封建时代后，龙就逐渐成为皇室的特殊标志，皇帝被视为龙的化身，而龙则代表着完美，代表着被优选的一切。人们在安阳市发掘出一块兽骨，上面刻着"龙"字，其历史可追溯至商朝（前16—前11世纪），这就证明了长久以来龙在中国人心中的重要地位。

中国是"中国人的馈赠"

以上关于中国人起源的介绍非常必要。埃及人和苏丹人将自己追溯到尼罗河,他们是"尼罗河之子",伊拉克人则将自己追溯到底格里斯河与幼发拉底河。古希腊史学家希罗多德在公元前 5 世纪中叶还将埃及形容为"尼罗河的馈赠"。而中国人虽然将黄河和长江视为中华民族的摇篮,但不说自己是黄河或长江之子。他们自称为"炎黄子孙",也就是炎帝和黄帝的后代。这一"血缘"上的追溯无疑要比对某块土地、某条河流或某个自然景观的追溯更加常见,这有助于增加中国人之间的亲近关系,增强民族认同与民族自豪感。这种民族自豪感体现在中国人生活与日常行为的各个方面,甚至在现代与全球化时代也是如此。最直接的一个例子,就是早起前往天安门广场观看升旗仪式,这一幕在中国之外的任何地方都难以看到。此外,中国孩子一上学就会了解国旗和国徽的含义,学习中华民族的历史,他们从小就知道自己是谁,自己的祖先是谁。你很难找到一个记不住国歌的中国孩子,他们甚至还知道国歌的词曲作者是谁。

除了学校中的爱国主义教育之外,还有许多事物在加深现代中国国民的国家与民族归属感，比如一些电视广播节目、文化活动以及关于国家成就的宣传。10月1日国庆节这天，你可能会惊奇地发现，穿梭在大街与广场上的孩子手里都拿着国旗，抬眼一望，你还会看到居民窗户和商店大门上的五星红旗。此外，除了中国，恐怕很少有哪国国民会将本国举办奥运会视为一项成就、一项国家性的工程、一件值得引以为傲的事。中国领导人成功地将这一体育盛事变成了一项全民参与的国家工程，男女老少都为奥运会的筹办贡献自己的力量。也就是说，筹办奥运会不仅是对北京市政府提出的要求，而且成为一块新的天花板，全中国都在奋力跳跃，希望能在2008年8月8日晚上8点奥运会开幕之前触碰到它。

也许，中国人这种集体归属感以及相互之间的亲近关系可以解释唐人街现象，这些中国人集聚的街区遍布世界各地，他们总是能够相互吸引。

自古以来，中国就是中国人辛勤劳动的结晶，他们创造了一个持久的灿烂文明。一次电视访谈中，我被问道：在中国，什么让你触动最大？我毫不犹豫地回答：中国人。中国今天取得了令世人叹为观止的成就，这必须归功于中国人。从土地和资源方面来看，中国与其他国家一样，也有严冬酷暑，会经历天灾人祸，最近一次就是 2008 年的汶川大地震。中国的人均资源甚至比世界上大部分国家要少，许多资源的人均占有率低于世界平均水平。例如，中国只占有世界 7% 的耕地，却用它养活了世界 1/5 的人口。所以问题或许应该是：虽然资源有限，但中国却取得了震惊世界的成就，这背后的秘密是什么？

这个问题的答案就只有一个词：人，或者说，中国人。我必须指出，中国人不是十全十美的天使，他们没有什么超凡能力，也没有一挥动就能开辟道路的魔杖。中国人是平平凡凡的普通人，他们知道这一点，并在平凡的基础上行动与奋斗。在中国，没有谁会说："一身本领无处施展。"在强调奋斗的思想氛围里，在鼓励敬业的政策支持下，中国人都能掌握某项"本领"。

平凡便是中国人成功背后的一个秘密。平凡的中国人不会试图抓住你内心的想法，或用自己的话说出你的想法。平凡的中国人会询问很多细节，让你感到惊讶。如果你想在中国的咖啡馆里点杯水（这是再简单不过的要求），那么仅仅说要水是不够的，你还要说清楚自己要冰水、常温水还是热水，要矿泉水还是开水，等等。我还想起一个故事，北京的一位阿拉伯外交官曾向我抱怨，说他的中国秘书"什么都不懂"。他说，他让秘书联系一位公司经理，这家公司与他们办公室有来往；过了一会儿，这位"什么都不懂"的秘书告诉他，经理不在。我们的外交官朋友等了一个多小时，又问她：为什么不联系那位经理？她回答，她已经按照他的要求联系了，但经理不在。这位朋友又问：为什么没有再打电话？她回答：您没有让我再打呀，您要是说了，我就打了。我对这位朋友说，兄弟啊，问题并不在于这位秘书"什么都不懂"，而在于文化上的差异。中国人从小就被教育，如果在工作中做下属，那就得尊重指示和指令。我跟他说了自己的一个故事：我去中国文化部以前的办公楼办事，楼下大门处保安要先登记我的个人信息。我把自己的身份证件给他，他按照证件在表格上记下我的名字、住址……但是证件上没写我的性别，填到性别这栏的时候，这位照章办事的保安便抬头问我：男还是女？我笑了笑，扬起我的头，让他清楚地看到我的胡子，然后我说：女！意识到我是在开玩笑后，他也笑了，然后又继续登记。

那么，什么因素让这些很平凡的中国人与众不同呢？更准确地说，是什么让中国人在这种平凡中感悟、生活与行动的？

我想首先指出，完全或完整意义上的中国人并不只是你会见的官员，或北京、上海、广州、深圳等大城市里的人，虽然外国代表团在中国访问的目的地往往安排在这些城市。北京、天津、上海、重庆这四个直辖市的总人口不过 6000 万，如果我们加上发达省份里大城市的人口，那总数也不过 2 亿。其实，中国超过 70% 的人口都生活在农村。中国人也生活在贵州这种极度贫困的省份，1993 年我对贵州进行了访问，看到了那里复杂的地貌，看到了为了生存而苦苦挣扎的人们。中国人还生活在宁夏，这个穆斯林居多的省份有着恶劣的自然环境，中国人还生活在湖北、湖南、安徽和其他中部及西北地区。就算在北京这样的大城市，中国人也不只是那些外国人遇到的中国人，北京的女孩也不是游客们在酒吧或歌舞厅里看到的女孩。我甚至敢断言，真正的中国人，或者说最本真的中国人，存在于小巷之中，中国人称之为"胡同"。要了解中国人，你得穿过表象，走近他们的生活，看到在家里的他们、和亲人们在一起的他们。要做到这一点，关键是要对他们微笑，要像他们一样谦逊，要让他们觉得你属于他们的世界，而不是一位"老外"。中国人把外国人叫做"老外"，在正式场合或受教育程度较高的人中，还会称其为"外国朋友"。

　　这就让我们回到刚刚的问题：是什么因素使一个平凡人变得出众？

在我看来，这其中有思想、历史、地理与环境的因素。

从思想层面看来，中国人的基因里承载着超过 5000 年的历史，中国文明是世界古代文明中唯一延续下来、没有中断的文明，21 世纪的中国人与最古老的中国人一脉相承。中华民族，尤其汉族，是世界上最"纯粹"的民族之一，他们很少与其他民族混合，他们的文明也保持着其"纯粹性"。就算受到其他文明的影响，中国也会将外来事物本土化。因此，各种宗教信仰进入中国后，都会受到中国思想（尤其是儒家思想）的影响，佛教、伊斯兰教、基督教都是如此。这种对外来思想的中国化延续至今，中国选择社会主义道路的时候，将社会主义从欧洲的发源地带到了中国的土地上，使其带上中国色彩。市场经济到了中国，就变成了中国特色社会主义市场经济。值得注意的是，中国人留下了教育、文学与工艺的重要遗产，但中国的政治思想史却没有留下很多东西，这与阿拉伯、希腊与罗马等文明不同。中国人并不精于理论，他们更加擅长实操与实践，阿拉伯地理历史学家艾布·哈桑·麦斯欧迪在 1000 多年前就曾指出这一点。

儒家思想对中国人影响深远，这种思想主要体现为道德与教育上的指引，鼓励顺从与尊老爱幼。但最重要的还是鼓励人们学习，认为学无止境。孔子曾说过："三人行，必有我师焉。"因此，你在中国会看到人们不断地求知。拿到中学学历的在职人员可能会上夜校，已经拿到本科学历的人可能想去发达国家深造。你还会惊讶地发现，有些年过六七十的老人在学习英语。为什么呢？是为了在 2008 年奥运会期间，与前来中国的外国朋友交流。这些极为朴实的老人为了求知，一排排整齐地坐着，面前的老师可能才只有他们儿孙辈的年龄。走进北京的菜市场，你可能还会惊奇地看到卖菜的女子面前蔬菜上放着一本翻开的书，闲下来的时候，她就会继续阅读。我敢说，在中国，没有人是不读书的。

从历史的角度来看，1911 年以前，中国人长期生活在封建王朝的统治之下，皇帝是天子，是近于神灵的存在，因此中国人被迫保持顺服、遵守秩序。1911 年辛亥革命推翻封建制度，1949 年新中国成立，但中国人的顺从依然与对国家和政权的忠诚相联系。政府就像一条纽带，将众多的中国国民联系在了一起。你会看到一位身材小巧的老师带领着几百位学生，学生们排着整齐的队伍走到大街上，没有推搡，也没有对秩序的破坏。

从地理上看，中国是世界的中心，至少在中国人的地图上如此。中国人的地图将中国置于中心，西侧是亚洲西部、非洲和欧洲，直到大西洋（这对中国来说是最西边），而东侧则是亚洲东部、太平洋以及新大陆——北美和南美。因此，对中国古典书籍中"西"的翻译，常存在错误，因为这些书里的"西"指的并不是欧美代表的现代意义上的西方，而是中国以西的地方，如印度、波斯和阿拉伯地区。《西游记》中的"西游"指的就是去印度及其邻国的旅行。"中国"在中文里的意思是中部或中央的国家，因此"中央王国"的字眼常见于有关中国的西方书籍之中。英国地理政治学家哈尔福德·约翰·麦金德（Halford John Mackinder，1861—1947）提出了"心脏地带"理论，认为谁控制了世界的中心，谁就控制了世界。而中国人在几千年前就已经意识到了这一点，虽然中国人眼中的世界中心与麦金德的有所不同。因此，中国古代的皇帝认为自己便是整个世界的统治者。即使今天，中国的世界地图上，中国也不在最东边，而处于世界的中心。

这种中间状态使中国人拥有温和与宽厚的品性。在街头的普通人身上，在你与之讨价还价半天但最终没买他东西的商人身上，在可能被你伤害的朋友身上，甚至在中国的外交政策上，都可以看到这种宽厚。这种中间状态使平凡的中国人远离极端与暴虐。中国人不相信"非友即敌"的逻辑，你可能同时是一位中国人和他敌人的朋友，中国人也可能同时是你和你对头的朋友，这种情况不仅有可能发生，而且完全能被接受。中国人就算与他人发生矛盾，也不会与之断交，而是会保持来往，这种来往可能不是很紧密，但一般性的关系还在延续。曾有一位埃及商人与中国人做生意，双方在生意上发生了巨大的争执，他以为这段关系要彻底掰了，但是没想到，中国朋友还想和他继续来往，问及他的近况，邀他见面。我不记得自己曾与哪位中国人因发生分歧，而闹得关系僵硬。他们总是很想维持友好的关系，这体现了那句话："观点上的分歧不会破坏友谊。"[1]关注中国国际政治的人可能会对中美之间的差异分歧之多、同时友好往来之多感到惊奇，对中国能同时与以色列以及所有阿拉伯国家（包括巴勒斯坦）保持紧密关系感到惊讶。一位阿拉伯记者曾对中国外交部前部长李肇星说，中国对自己眼中的朋友采取不偏倚的政策，这可能会使中国失去这些朋友。李肇星回答，中国永远站在正义的一边。中国人可能不同意你的观点，但这并不意味着他们与你为敌。

从环境来看，中国拥有各种各样的自然景象，在地形、地势、气候方面都是如此。这里并非所有地方常年寒冷，或常年炎热。

1　此为埃及思想家、开罗大学首任校长艾哈迈德·鲁特菲·赛义德的名言。

中国土地辽阔，一天之内你就能从温暖或炎热的南方到达寒冷的北方。中国四季分明，因此中国人性情温和，不像热带或寒带国家的人那么激烈。多样的环境塑造了平凡的中国人，这种平凡，正如上文所言，是他们实现卓越的秘密。

在我看来，以上因素塑造了中国人，当然还有其他许多因素。应当指出，21世纪的当代中国人生活在对外开放政策与全球化浪潮的背景之下，面对着各种湍急的潮流。这些潮流有时难以阻挡，引起了中国知识分子以及一些中国青年的担忧，后者正是在对外开放与全球化的时代里成长起来的。之前有位22岁的女孩写了一篇题为《中国文化是否会成为全球化的牺牲品？》的文章，希望我能将其发表在《今日中国》[1]上。我认为这是一位中国人的呐喊，她担忧自己的文化与文明会受到全球化浪潮的侵蚀，担心中国文化的特色会褪去或瓦解，被埋葬在全球化的尘土之下。

已故的中国领导人邓小平设计、落实了"改革开放"政策，将中国引向发展正轨。对外开放初期，他曾说，"开窗通风的时候，苍蝇也会进来"。

---

1 作者侯赛因·伊斯梅尔是中国外文局《今日中国》杂志阿拉伯文版副主编。

但依照我的认识，中国人能够在不丢失个性特色与民族身份的情况下适应全球化，因为他们的自我深深地扎根于古老的中华文明之中。

（林建杰、薛庆国　译）